Rosemarie Köhler

Bemme mit Sirup und Quarkkeulchen ohne alles

Das sächsische Notkochbuch.
Rezepte, Erfahrungen und
Hintergründe der Nachkriegszeit

Eichborn.

Für meine Schwester Hannelore

2 3 4 02 01 00

Umschlaggestaltung: Moni Port

Lektorat: Oliver Thomas Domzalski und Judith Schneider

Redaktion: Nele Dinslage

Layout: Jeanne van Stuyvenberg

Druck und Bindung: WS Bookwell, Finnland 2000

ISBN 3-8218-3561-3

Werlagsverzeichnis schickt gern:

Eichborn Verlag, Kaiserstraße 66, D-60329 Frankfurt am Main

www.eichborn.de

Inhalt

Vorwort

Am 6. Dezember 1947, am Nikolaustag, schreibt der 13jährige Schüler Wolfgang Henke aus Dresden resigniert und ahnend, daß sich Schuh und Strümpfe nicht mit Süßigkeiten füllen werden, in sein Tagebuch: „Früher, als Nikolaus noch lebte, stand man besonders früh aus dem Bett auf." Am Abend nahm er noch einmal den Bleistift zur Hand und notierte: „Und doch: Ganz hat er uns nicht vergessen! Zum Abendbrot gab's Kartoffelpuffer."

Von der Spannung zwischen diesen beiden Gefühlen – dem verzweifelten Hunger und der Freude über heute Selbstverständliches – handelt dieses Buch.

Nach Ende des Zweiten Weltkrieges atmeten die Menschen auf. Endlich Frieden und Hoffnung auf eine harmonische Zukunft. Aber noch hieß es mit einer Fülle von Problemen fertig zu werden: der Vater in Kriegsgefangenschaft oder gefallen, die Mutter überfordert, seelisch und körperlich schwer angeschlagen, die Kinder ewig hungrig und krank – das war der Alltag vieler Menschen in Deutschland.

In diesem Buch berichten Männer und Frauen von ihren leidhaften Erfahrungen nach dem Kriege. Sie erzählen vom Elend der Flüchtlinge und Häftlinge, von der Sorge der Ausgebombten, von Hamsterfahrten und „Stoppeln" auf den Roggenfeldern. Gleichzeitig erzählen sie vom „kleinen Glück": wie die Tante ein halbes Brot brachte, eine Sonderzuteilung von „Radieseln" Frische auf den Abendbrottisch zauberte, wie ein Kohlenzug auf freier Strecke hielt und die Familien im Ort ein paar Tage die Stube heizen konnten. Der wohl bekannteste unter den Verfolgten und Hungernden, Viktor Klemperer, fühlte sich „wie im Paradies", als ein Päckchen mit Lebensmitteln von Freunden eintraf.

„Wir sind uns menschlich sehr nahe gewesen, weil es allen schlecht ging. Egoismus hätte den sicheren Tod bedeutet", schreibt eine Dresdenerin. Was der eine an Vorräten, Geräten oder Fähigkeiten hatte, wurde weitergegeben oder getauscht gegen Leistungen, die man nicht kaufen konnte. Für Gemüse aus dem eigenen Garten ließ man sich von einem geschickten Nachbarn einen Kaninchenstall bauen. Mütter und Großmütter strickten, nähten und hüteten die kleinen Kinder, während die Nachbarn auf Hamsterfahrt gingen. Beim stundenlangen Anstehen vor Bäcker- oder Fleischerläden wechselte man sich ab und tauschte Rezepte, wie man auch noch Kartoffelschalen verwerten konnte. Und bei Geburtstagen, Taufe oder Silberhochzeit legten alle zusammen. Ein Eimer Kartoffeln bildete den Grundstoff für die Klöße „halb und halb", darüber wurde Soße aus roten Rüben oder einfach Sirup gegossen. Zu trinken gab's an Festtagen Hagebuttenwein oder winzige Mengen „organisierten" Alkohols.

Als ich im Frühjahr 1999 auf der Leipziger Buchmesse mein „Berliner Notkochbuch" vorstellte, bin ich von vielen Besuchern angesprochen worden: „Ja, aber hier bei uns war alles noch viel schlimmer. Alles haben die Russen weggeschleppt, die Bauern wurden politisch unter Druck gesetzt und CARE-Pakete haben wir nie gesehen." Das machte mich neugierig.

Ich hatte Glück, überall auf kompetente und freundliche Menschen zu treffen, die Archive öffneten und Mut machten. Die Liste aller Hilfreichen ist lang, und ich bin für die vielfältige Unterstützung sehr dankbar, zumal in DDR-Zeiten den Alltagsproblemen der Nachkriegszeit, dem Hunger und der mangelnden Versorgung kaum Beachtung geschenkt und nur wenig Materialien gesammelt und archiviert wurden.

Aufrufe in zahlreichen sächsischen Zeitungen – „Wer erinnert sich noch an Sirupbemme und Nachkriegsstollen?" – brachten eine Fülle von Einsendungen. Alte Kochbücher der Familien wurden kopiert und Rezepte aus der Erinnerung aufgeschrieben. Für einige Einsender war es ein Anlaß, sich der Nachkriegsjahre zu erinnern oder „das einmal für meine Enkel aufzuschreiben".

Meine Arbeit verstehe ich auch als einen nachträglichen Dank an die Mütter, auf deren Schultern damals die Hauptlast für die Familie lag. Sie haben durchgehalten und mit viel Phantasie und Kreativität die Alltagsprobleme gemeistert. Not macht erfinderisch – auch unter diesem Aspekt ist das vorliegende Buch zu lesen.

Alles wurde verwertet: Eichelmehl für Nougat und Löwenzahnköpfchen für Wiesenwein. Die Kochanleitungen reichen von Apfelsuppe über falsche Bratheringe und Fleischklößchen ohne Fleisch bis zu Salat aus Zuckerrübenstielen. Von manchen Rezepten sollte man heute die Finger oder besser: die Zunge lassen, aber die Gerichte, die den Vermerk „Schmeckt heute noch" tragen, sind vielfach erprobt – und hochaktuell: Sie sind kalorienarm und preiswert.

Freuen wir uns, daß derzeit die Nikolausstiefel mit allem gefüllt werden können, was das Herz begehrt und der Supermarkt hergibt. Niemand wünscht sich die Notzeiten zurück, aber selbstbereitete Kartoffelpuffer schmecken auch heute noch sehr gut. Probieren Sie es aus!

Rosemarie Köhler

Zwischen Krieg und Frieden

Die letzten Tage des Krieges

Kurz vor Ende des Zweiten Weltkrieges herrschte in weiten Teilen Deutschlands ein für uns heute unvorstellbares Chaos. Tausende von Flüchtlingen suchten in den zerstörten Städten Schutz, wurden wieder weitergetrieben; das Land war übersät mit Trümmern und Kriegsgerät, Trinkwasser war knapp, Tote mußten eilig beerdigt werden, es herrschte Seuchengefahr. Zwangsarbeiter und Überlebende der Konzentrationslager sprengten ihre Gefängnisse und Lager; sie zogen orientierungslos in Richtung Heimat, die einen nach Osten, die anderen nach Süden.

In den Wehrmachtskasernen bewachten die Soldaten bis zur letzten Stunde die gut gefüllten Lebensmitteldepots und Kühlhäuser. Es kam zu schrecklichen, manchmal tödlichen Zusammenstößen, wenn aufgeregte Menschenmengen die Öffnung der Depots forderten. Stimmen wurden laut: „Gebt uns die Waren, bevor der Russe kommt!" oder „Der Krieg ist aus, wir wollen nicht verhungern". An einigen Orten hielten SS-Männer mit Waffengewalt die Menge in Schach, anderenorts standen Türen und Tore offen.

Kurz vor Kriegsende wurde noch ein Lebensmitteldepot der Wehrmacht für die Bevölkerung geöffnet. Da gab es die sogenannten Wehrmachtssuppen: Ziegelsteinform, braun bis hell gesprenkelt. Man bröckelte sie ins Wasser, ließ alles

aufkochen und aß frühmorgens eine dünne, mittags eine etwas dickere, dafür salzige, und abends wieder eine dünne Suppe.
(Hannelore Kuhn, Dresden)

Leipzig in der Besatzungszeit

Das heutige Gebiet des Landes Sachsen wurde von amerikanischen Truppen, aber auch von den sowjetischen Streitkräften befreit. Von Stadt zu Stadt, von Landstrich zu Landstrich sind die Tage im April 1945 unterschiedlich empfunden worden.

Seit dem 5. April 1945 rückten die Einheiten der 2. Division der 1. US-Armee von Kassel in Richtung Leipzig und Dresden vor, am 18. April erreichten sie Leipzig. Weiße Fahnen aus Bettüchern wurden zum Zeichen der Kapitulation gehißt, und der Einmarsch der Besatzung verlief „ohne nennenswerten Widerstand".

Die Amerikaner besetzten eine Trümmerstadt: Jedes fünfte Gebäude war völlig zerstört, 44.000 Wohnungen gingen gänzlich verloren, und 80% der Leipziger Messeanlagen und des graphischen Gewerbes lagen in Trümmern. 700.000 Kubikmeter Schutt blockierten Straßen und Plätze.

Die amerikanische Besatzungsmacht regelte den Schutz der öffentlichen Einrichtungen durch einen provisorischen Verwaltungs- und Polizeiapparat. Die Leipziger betrachteten die amerikanischen Besatzer mit gemischten Gefühlen; Gerüchte sickerten durch, daß ihre Anwesenheit nur von kurzer Dauer sein würde.

Neugierige Kinder fanden schnell Kontakt zu den Soldaten. Besonders bestaunten sie die Farbigen, und mit Glück und einigen

Brocken Englisch kam man in den Besitz der heiß begehrten Kaugummis oder Schokoladenriegel.

Als der Krieg zu Ende war, war ich elf Jahre alt. Im April, als die Amerikaner kamen, wurde (...) das Kühlhaus in der Brandenburger Straße in Leipzig (geplündert). Ich weiß nicht, wer damit anfing, die Deutschen oder die Ausländer. Ich hörte das von Schulkameraden, die dort drin gewesen waren. Säcke wurden aufgeschnitten, man stopfte sich die Taschen voll. Bis zu den Knöcheln watete man in der Butter. Die Amerikaner schauten zu, filmten und schritten nicht ein.

(Ahbe/Hofmann)

Ich bekam von einem Amerikaner einen Doppel-Riegel Schokolade geschenkt. Für mich war das ein solcher Schatz, daß ich die Kostbarkeit in ein Porzellanschälchen legte, um jeden Abend genüßlich ein bißchen daran zu lecken.

(Monika Neuendorf, Ilmenau)

Die Amerikaner haben, wenn Kinder kamen, Studentenfutter auf die Straße geschüttet, so wie man Hühnern das Futter hinwirft. Natürlich sind die Kinder dann gerannt, sie hatten ja nach dem Krieg immer Hunger auf Süßes. Sie pickten das Studentenfutter aus sämtlichen Straßenbahnschienen heraus, während die Amerikaner dahinterstanden und filmten. Meine Mutter verbot uns das, sie sagte immer: „Wehe, ihr wagt euch! Ihr macht das nicht, ihr hebt das nicht auf, es geht auch so."

(Ahbe/Hofmann)

Die Amerikaner übernahmen das nationalsozialistische Rationierungssystem für Lebensmittel mit der Einteilung in drei Kategorien (Vollselbstversorger, Teilselbstversorger und Normalverbraucher). Im Chaos der ersten Wochen konnten Bäckereien und Lebensmittelhändler jedoch die zugewiesenen Rationen nicht liefern. Man hat errechnet, daß in den ersten Wochen die tatsächlich ausgegebenen Lebensmittel einem Nährwert von höchstens 753 Kalorien pro Tag entsprachen. Die Menschen lebten fast ausschließlich von im Krieg gehorteten Vorräten.

Bereits am 2. Juli 1945 rückten die Verbände der Roten Armee in die Stadt ein. Als Verwaltung wurde in Leipzig, wie auch in anderen Kommunen, eine Militärkommandantur gebildet, die direkt der Sowjetischen Militäradministration in Deutschland (SMAD) unterstellt war.

Gleich nach Ende des Krieges ging es uns relativ gut, denn meine Mutter war mit einigen anderen Frauen von einer Einheit der Roten Armee als Küchenhilfe requiriert worden. So kam nicht nur täglich genug warmes Essen, sondern auch bestimmte Schlachtreste (Innereien, Schweineköpfe), die ansonsten vernichtet worden wären, frisch auf den Tisch. Leider wurde die Einheit nach drei oder vier Monaten verlegt, und die Herrlichkeit war vorbei.
(Dr. Dieter Panier, Ilmenau)

Unserem Haus gegenüber waren die Sowjets einquartiert. Im Keller hielten sie Schweine. Eins war ausgerissen, und mein Bruder und ich fingen es ein. Als Belohnung gab uns die Offiziersfrau eine dicke Scheibe Schwarzbrot, mit Butter bestrichen. Auch das habe ich nie vergessen. Meine kleine, damals 6jährige Schwester war sehr verärgert, weil wir ihr nichts abgaben. Sie kann sich noch heute daran erinnern.

(Richard Tiefenbach, Leipzig)

Auf Marken – Die Lebensmittelkarten

Als die Sowjets die Verwaltung übernahmen, waren die Lebensmittelvorräte bis auf ein Minimum erschöpft. Die von den sowjetischen Behörden eingesetzten Verwaltungen standen vor schweren, fast unlösbaren Aufgaben.
Fritz Selbmann, seit 1945 Vizepräsident, ab 1946 Minister für Wirtschaft in Sachsen, sorgte sich im August 1945: „(...) wir wissen heute noch nicht, ob wir in diesem Winter unser Volk ernähren können. Wir kämpfen heute fast Tag für Tag um das tägliche Brot im buchstäblichen Sinne des Wortes. (...) Heute sind zum Beispiel statt 80 Waggons Kartoffeln nur 20 angekommen."

(Rainer Gries)

(20. Juli 1945) Überall stehen russische Posten, die Russen treiben das Vieh fort, es herrscht Hunger, schon hört man: unter Hitler habe jeder wenigstens bekommen, was auf den Marken versprochen war, ein bißchen Fett, ein bißchen Wurst, und jetzt verfallen die Marken!

(Victor Klemperer)

In Leipzig legte der Oberbürgermeister der Stadt auf Befehl sowjetischer Behörden am 3. August 1945 die wöchentlichen Lebensmittelrationen für fünf Gruppen (Schwerarbeiter, Arbeiter, Angestellte, Kinder bis 14 Jahre und Nichtarbeitende) fest:

Gruppe	Tätigkeit	Brot	Fleisch	Fett	Nährmittel	Zucker
I	Schwerarbeiter	3150 g	350 g	210 g	280 g	175 g
II	Arbeiter	2800 g	280 g	105 g	210 g	150 g
III	Angestellte	2100 g	245 g	70 g	140 g	140 g
IV	Kinder bis 14 Jahre	1750 g	140 g	140 g	140 g	175 g
V	Nichtarbeitende	1750 g	140 g	49 g	105 g	105 g

In Industriegebieten wurde die Gruppe I noch unterteilt in Schwer- und Schwerstarbeiter. Die Einwohner der Großstädte Leipzig und Dresden erhielten höhere Rationen als die Bewohner von Kleinstädten. Besondere Regelungen gab es für die Landbevölkerung.

Fast die Hälfte der Bevölkerung mußte sich mit den geringsten Rationen für Nichtarbeitende zufriedengeben. Zur Gruppe V gehörten Personen ohne regelmäßige Tätigkeit, Rentner, Gebrechliche, Schwerbeschädigte und auf Dauer erkrankte Kranke sowie nichtberufstätige Hausfrauen. Dieser Gruppe wurden auch ehemalige Mitglieder der NSDAP und deren Untergliederungen zugeordnet; sie erhielten Karten in gelber Farbe.

DRESDEN Ki 10 Sept. 46 | DRESDEN Ki 9 Sept. 46
DRESDEN Ki 12 Sept. 46 | DRESDEN Ki 11 Sept. 46 | DRESDEN Ki 8 Sept. 46 | DRESDEN Ki 7 Sept. 46
DRESDEN Ki 2 Sept. 46 | DRESDEN Gemüse III | DRESDEN Gemüse I | DRESDEN Gemüse IV | DRESDEN Gemüse II

Ohne Namen ungültig – Kein Ersatz für verlorene Karten

Der Rat der Stadt Dresden
Amt für Handel u. Versorgung, Abt. Ernährung

Lebensmittelkarte für Kinder bis zu 15 Jahren
vom 1. bis 30. September 1946

Name
geboren am 8.3.1929 71727
Wohnung

„Kaffee-Ersatz und Salz wird ohne Aufruf beliefert. Brot darf nur auf 5 Tage im voraus abgegeben werden, wobei der Ausgabetermin und 4 Tage im voraus gerechnet werden. Quark, Käse und Eier können als Austauschware im Rahmen der erfolgten Bekanntmachung geliefert werden. Das Einbehalten unbelieferter und Beliefern abgetrennter Abschnitte ist strafbar."

Tagesrationen: Brot 300 g, Nährmittel 25 g, Zucker 25 g, Fleisch 20 g, Fett 20 g, Marmelade 30 g.

Nichtabgetrennte Abschnitte der Schulkinder-Speisung sind durch die Einzelhändler zu beliefern
Nährmittel, Zucker und Fett nach üblichem Aufruf, Brot sofort

Kundenliste für Brot Nr. Firmenstempel
Kundenliste für Fleisch Nr. Firmenstempel
Kundenliste für Fett Firmenstempel
Kundenliste für Nährmittel usw. Firmenstempel

Walter Röllig Lebensmittel Dresden A 21 Ludwig-Hartmann-Str. 9

Kontrollabschnitt der Lebensmittelkarte für Kinder bis zu 15 Jahren Oktober 1946
Name Vorname
Dresden Straße

Im Laufe der nächsten Jahre änderten sich die Einteilungen in die verschiedenen Gruppen, die Rationen erhöhten sich je nach wirtschaftlicher Lage.

Im ersten Rechenschaftsbericht des Leipziger Oberbürgermeisters Dr. Erich Zeigner im Jahre 1946 wurde festgestellt:

„Man sollte sich etwa erinnern, daß in Leipzig bei Kriegsende den Erwachsenen nur noch 171,4 Gramm, den Jugendlichen 200 Gramm, und den Kindern 100 Gramm, täglich an Brot zugebilligt werden konnten. Es ist nunmehr der SED geglückt, (...) ab 1.8.46 eine Erhöhung der Zuteilung zugunsten einiger besonders benachteiligter Verbraucherkreise zu erwirken."

Gerade in der Nachkriegszeit, als die Kriegsgefangenen zurückkehrten, als Hunger herrschte und die Menschen keine Widerstandskraft mehr hatten, verbreiteten sich Seuchen, besonders Typhus und Tuberkulose. Die sowjetische Militäradministration befahl die Typhus-Impfung. Obwohl die Menschen gezwungen wurden: Wer nicht ging, bekam keine Lebensmittelkarten.
(Ahbe/Hofmann)

(...) Im Oktober (1946) mußte ich aufs Arbeitsamt, denn es gab keine Möglichkeit, frei Arbeit zu suchen. Auf dem Amt berichtete ich, daß ich gern einen Beruf lernen möchte. Man antwortete mir: „Lernen können Sie auf dem Bau." „Und wenn ich nicht auf den Bau gehe?"
„Dann bekommen Sie keine Lebensmittelkarten." Mir blieb nichts übrig, ich lernte auf dem Bau und sammelte dort meine Erfahrungen.
(Ahbe/Hofmann)

Die Anordnungen des Alliierten Kontrollrats unterwarfen Männer und Frauen einer Arbeitsverpflichtung. Auch für Frauen, die mehrere Kinder

Volksstimme, 12. Januar 1946

Gebühr von RM –.20 für ausgegebene Lebensmittelkarten

Es liegt Veranlassung vor, darauf hinzuweisen, daß die (...) erhobene Gebühr von RM –.20 für die ausgegebenen Lebensmittelkarten dazu dient, die Kosten für den Druck und die Ausgabe der Lebensmittelkarten zu decken.

zu versorgen hatten, bedeutete das: „Du mußt Trümmerarbeit leisten, sonst gibt es keine besseren Lebensmittelkarten, keine Wohnung."

Wer versehentlich oder wissentlich zusätzliche oder höhere Lebensmittelkarten erhalten hatte, mußte mit erheblichen Strafen rechnen: Eine Frau hatte auf der Kartenstelle versehentlich eine Karte zuviel bekommen und nicht zurückgegeben. Dieses Versehen wurde als Betrug und Wirtschaftsvergehen mit einem Monat Gefängnis bestraft. Wer sich durch ein Scheinarbeitsverhältnis eine höhere Lebensmittelkarte erschlichen hatte, kam für sechs Monate in Haft.

Lebensmittelkarten waren das wichtigste Dokument zum Überleben. Eine Katastrophe bedeutete es, wenn die Karten verlorengingen oder gestohlen wurden, denn es gab grundsätzlich keinen Ersatz.

Noch bis Ende der fünfziger Jahre waren in der DDR Fleisch, Fett und Zucker rationiert. Auf Lebensmittelkarten erhielten die Bezieher der Grundkarte 1958 monatlich 1380 Gramm Fleisch, 915 Gramm Fett und 1240 Gramm Zucker.

Ich war bei Kriegsende 3 1/2 Jahre alt. Meine Mutter erzählte später, daß ich als kleiner Knirps weder lesen noch rechnen konnte. Aber was ich genau wußte: auf welchem Markenabschnitt es welche Lebensmittel gab. Oft habe ich auch den Platz in der Warteschlange beim Bäcker oder Fleischer für meine Mutter freigehalten. Ich habe dann immer gesungen, das freute alle Leute, und ich erhielt manchmal einen Bonbon oder einen Apfel.

(Rainer H., Dresden)

Versorgungsprobleme und Bauernsorgen

Die Versorgung der Bevölkerung nach dem Krieg blieb in ganz Deutschland äußerst instabil. Sowohl in den Westzonen als auch in der sowjetisch besetzten Zone konnte eine ausreichende Versorgung trotz aller Anstrengungen nicht garantiert, geschweige denn Vorratswirtschaft für Notzeiten betrieben werden. Im Rückblick scheint es fast unglaublich, daß es im kriegszerstörten Deutschland nicht zu einem Massensterben durch Unterernährung und Mangel an lebenswichtigen Gütern kam.

Die Gründe, warum nicht ausreichend Lebensmittel produziert und verteilt werden konnten, sind vielschichtig. Durch die Abtrennung der Ostgebiete des Deutschen Reiches fehlte fast ein Viertel der Anbauflächen. Gerade die Gebiete unter russischer und polnischer Verwaltung wie Ostpreußen, Pommern und Schlesien waren traditionell landwirtschaftliche Anbaugebiete und Zulieferer. Besonders Kartoffeln und Getreide, aber auch Fette und Schlachtvieh waren in Friedenszeiten – und noch während des Krieges – aus diesen Gebieten ins übrige Deutschland geliefert worden.

Problematisch blieb aber auch für Jahre die Nutzung der noch vorhandenen Anbauflächen. Riesige Flächen waren zerstört, aufgewühlt, von Panzerspuren zerfurcht und mit Munition verseucht. Diese Flächen wiederherzurichten erforderte viel Kraft und Sachkenntnis; dazu fehlten jedoch qualifizierte und körperlich kräftige Landwirte und Landarbeiter. Viele Männer waren gefallen, Tausende schwer kriegsverletzt oder noch in Kriegsgefangenschaft.

Der Ertrag der landwirtschaftlichen Produkte betrug in den Nachkriegsjahren nur etwa ein Drittel der Vorkriegsmenge. Gravierend war der Mangel an Dünger für die ausgezehrten Böden. 1945/46 konnten der Landwirtschaft nur etwa 10% des normalen Bedarfs an Stickstoff,

Kali und Phosphorsäure zugeteilt werden. Auch in späteren Jahren wurde der Düngerbedarf nur zu 30 – 50% gedeckt.

Vor allem fehlte es an Saatgut. In Zeiten absoluter Hungerbedrohung wurden Saatgetreide zu Brotmehl vermahlen und Vorräte an Saatkartoffeln verzehrt. Dazu kam noch der absolute Mangel an Schädlingsbekämpfungsmitteln. Bei den Aktionen zur Bekämpfung des Kartoffelkäfers wurden Tausende von Schulkindern auf die Kartoffeläcker geschickt.

Viele dringend benötigte Lebensmittel gingen auf Transportwegen verloren oder verdarben. Es fehlte an Lokomotiven, Lastwagen, Traktoren und landwirtschaftlichem Gerät von Pflug und Egge bis zu alltäglichen Gebrauchsgegenständen wie Draht, Nägel, Säcke, Körbe und Bindegarn.

Leicht verderbliche Waren wie Fleisch, Fisch und Gemüse konnten nicht ordnungsgemäß gelagert werden, weil Lagerhallen und Kühlhäuser zerstört waren. Die Abgabe von Treibstoff unterlag strenger Kontrolle. Mißbrauch und Schmuggel wurden in den ersten Jahren von den sowjetischen Behörden mit drastischen Strafen geahndet.

Was der Krieg noch unzerstört gelassen hatte, wurde von der sowjetischen Administration als Reparationszahlung beansprucht und in die UdSSR geschafft. Die Menschen standen buchstäblich vor dem Nichts.

> Am Mo 21. (Juli 1947) gab es im Gasthaus Dölzschen eine nicht sonderlich gut besuchte Versammlung der Blockparteien zum Thema Erntesicherung – Flurschutz. Schwere Depressionen aller Redner. Der nackte Hunger, die übermäßige Sterblichkeit überall. Die Diebstähle, das sinnlose Herausreißen u. Zertrampeln beim Ährenlesen u. beim zu frühen Einbruch in abgeerntete Felder, „ehe der letzte Wagen fort-

gerollt ist". Dieses mittelalterliche Bild des Ährenlesens ist mir durchaus geläufig, Leute „besserer Stände" beteiligen sich daran. Dölzschen braucht 200 Freiwillige für Nachtpatrouillen. Man verspricht ihnen bestimmte Belieferung ihrer Kartoffelkarte und 2 Pfd. Hackfrüchte douceur für jeden nächtlichen Patrouillengang. Es meldeten sich nachher eine ganze Menge Leute.

(Victor Klemperer)

Ab Oktober 1945 durften die Bauern Überschüsse als „freie Spitzen" auf „freien Märkten" verkaufen. Durch den allgemeinen desolaten Zustand der Landwirtschaft kamen jedoch nur Saisonerträge und nicht lagerfähige Waren in geringen Mengen auf den freien Markt.

Um dringend benötigte Lebensmittel für hungernde Arbeiter in den Betrieben zu beschaffen, griff man nach der Devise „eine Hand wäscht die andere" zu Kompensationsgeschäften. Was in den Betrieben produziert und auf dem Lande dringend gebraucht wurde, wie Dünger, Metallwaren und Ersatzteile für Maschinen, ließ sich gegen Lebensmittel eintauschen, die unter der Belegschaft verteilt oder den Betriebsküchen übergeben wurde. Ab 1947 gerieten die Betriebsräte, die diese Geschäfte meist in fürsorglicher Absicht organisiert hatten, mit der SED in Konflikt, die eine steuerbare zentralistische Politik durchsetzen wollte.

Eine grundlegende Veränderung auf dem Ernährungssektor brachte im Oktober 1947 der Befehl Nr. 234 der sowjetischen Militärverwaltung zu „Maßnahmen zur Steigerung der Arbeitsproduktivität und weiteren Verbesserung der Ernährung von Arbeitern und Angestellten". Es gab nun zusätzlich eine warme Mahlzeit im Betrieb. Als Kehrseite der von vielen

ZEICHNUNG VON BARLOG

„... und das ist die ‚freie Spitze für Sie!"

(Frischer Wind Nr.34/1947)

Volksstimme, 12. Januar 1946

Freier Markt in Schönfeld
Kartoffelsalat reichte nicht

Am Sonnabend fand auf dem Marktplatz in Schönfeld der erste freie Markt statt (...). Es waren zirka 250 Personen anwesend, welche bei dem Kauf von Roggen, Kartoffeln, Milch und Butter sowie fertigem Kartoffelsalat auf ihre Kosten, kommen konnten, wenn sich jeder der Käufer mit einer der Waren zufriedengegeben hätte (...).

Arbeitern als „Essensbefehl" aufgefaßten Order entpuppten sich jedoch die „Maßnahmen zur Steigerung der Arbeitsproduktivität" wie Wiedereinführung des Leistungslohnes und des Akkordsystems.

Die politischen Entwicklungen hin zu einem sozialistischen Staat waren für viele Bewohner unklar. Die im September 1945 von der sowjetischen Besatzungsmacht verfügte entschädigungslose Enteignung der Großgüter („Junkerland in Bauernhand") führte zu einer radikalen Veränderung der landwirtschaftlichen Produktion. Die zunächst von Flüchtlingen und Kleinbauern begrüßte Aktion, die sie zu „Neubauern" machte, führte bald zu herben Enttäuschungen. Es fehlten Geräte, Tiere, Saatgut, und die Hoffnung auf den Neubau von Wohnhäusern und Scheunen verflog rasch. Unter diesen Bedingungen, zusätzlich belastet durch rigorose Eintreibung des Ablieferungssolls, produzierten die Neubauern zwangsläufig nur für den Bedarf der eigenen Familie und nicht für den Markt. Viele Neubauern gaben, entmutigt durch vielfältige Rückschläge, ihre Hofstellen wieder auf.

Die 1952 begonnene und bis Frühjahr 1960 mit massivem Einsatz von Zwangsmitteln aller Art durchgesetzte Kollektivierung der Landwirtschaft wirkte sich permanent negativ auf die Versorgung der Bevölkerung mit Lebensmitteln aus. Die Frustration der Bauern und Landarbeiter führte in steigendem Maße zur Abwanderung in den „Westen".

Zeichen der Hoffnung – Die Leipziger Messe

„Aha, MM-Matthäus Müller! Nun gibt's bald wieder Sekt!"

(Frischer Wind Nr.22/1947)

Für Dich 18/86, Mai 1946

Die erste Friedensmesse

Mit einem Befehl des Obersten Chefs der Sowjetischen Militärverwaltung in Deutschland begann es: Ab sofort sind alljährlich wieder die Leipziger Messen durchzuführen. Die erste wird in der Zeit vom 8. bis 12. Mai 1946 abgehalten. Mit großem Aufwand wurden vier Hallen auf dem Messegelände und fünf Häuser der Innenstadt notdürftig dafür hergerichtet. Knapp 3000 Aussteller hatten sich angemeldet, auf 26.355 m^2 Fläche breiteten sie ihre Waren aus, kaum zehn Quadratmeter maßen die Kojen. Das Angebot war zeitgemäß: Trockengemüse, Dachpappe, Holzschuhe. Die Rostocker Ölmühlen stellten entbitterten Ölkuchen zur Herstellung von Fleischbrühen vor. Eine Ziegelputzmaschine wurde stark beachtet, ebenso der Kleinherd „Jockeli", der für eine Mittagsmahlzeit lediglich anderthalb bis zwei Briketts verbrauchte. Übrigens: Die Gastfreundschaft der Leipziger bewies sich auch in dieser schweren Zeit – 25.000 Betten stellten sie für die Messegäste bereit. Vielleicht auch mit einem kleinen Seitenblick auf die Extrarationen Malzkaffee und Seifenpulver, die sie dafür vom Messeamt erhielten.

Die Messe wurde exakt ein Jahr nach der Kapitulation am 8. Mai 1946 feierlich im Neuen Schauspielhaus als „Zeichen des Neubeginns wie des Eingedenkseins von Schuld und Sühne" eröffnet. Gäste des Festaktes waren der Oberkommandierende der sowjetischen Besatzungstruppen Marschall Sokolowskij und der amerikanische General Lucius D. Clay, ferner Wilhelm Pieck, Otto Grotewohl und Walter Ulbricht.

Im Filmtheater Capitol dirigierte Sergiu Celibidache die Berliner Philharmoniker, und im Tivoli spielte die Tanzkapelle Kurt Henkels.

Die mit großer Euphorie betriebenen Vorbereitungen erwiesen sich als äußerst kompliziert und schwierig. Die Messeveranstalter waren auf die Zuteilung von Lebensmitteln, Treibstoff, Transportkapazitäten und Regelung des Interzonenverkehrs „durch russische Stellen" angewiesen, um „aus der Westzone Aussteller und Besucher sowie Ausstellungsgut in nennenswertem Umfang nach Leipzig zu bringen". Materiallieferungen kollidierten häufig mit den bereits vollzogenen Demontagen der Groß- und Mittelbetriebe Sachsens.

Jeder Besucher von außerhalb war an strenge Vorschriften gebunden, ein „Messeausweis" berechtigte zum Bezug der Sonderzugfahrkarte und des Quartierscheins. Der Messeausweis war dem Ernährungsamt des Heimatortes vorzulegen und berechtigte zum Empfang von Reisemarken im Umtausch gegen die gültigen Lebensmittelmarken. Reisemarken konnten gegen Essensmarken getauscht werden, die für je ein Mittag- sowie ein Abend-„Hausgericht" an drei Messetagen in den als „Messeverpflegungsstätten" bezeichneten Gastwirtschaften eingelöst wurden.

Die Marke Nr. 7 etwa war ein Gutschein über 25 Gramm Kaffee-Ersatz. Auf dem Abschnitt war vermerkt: „Diesen Gutschein schneidet der Leipziger Quartiergeber als Gegenleistung für drei Tage Frühstückskaffee ab."

Die Speisekarten für die ausländischen Gäste sind unbekannt, aber es gab etwas zu rauchen. Wer in den Genuß von Zigaretten kam, bestimmte die Besatzungsmacht: Auf Befehl der Sowjets erhielten Ausländer, die in Hotels wohnten, täglich eine Schachtel Zigaretten für die Dauer der Messe.

Eine stolze Bilanz wurde gezogen: 2771 Aussteller, 172.000 Besucher, davon rund 12.500 aus den Westzonen, Westberlin und dem kapitalistischen Ausland.

Die Leipziger Messe wurde auch für die folgenden Jahre ein Gradmesser für die bessere Versorgung mit Lebensmitteln und zum Symbol des Wiederaufbaus. Stolz konnte von der Frühjahrsmesse 1948 berichtet werden: Am Stand Bulgariens wurden präsentiert: Früchte, Gemüse, Weintrauben, Weine, Schnäpse, gesüßte alkoholische Getränke, Fruchtsäfte, Gelees, Konfitüren, Marmeladen, Fruchtpulpen, Tomatenmark, Walnüsse, Haselnüsse, Mandeln, Backpflaumen, Tabak, Getreide, Hülsenfrüchte, Pflanzenöle, Ölkuchen, Fleisch- und Fleischerzeugnisse, Rinder, Schweine, Eier, lebendiges und geschlachtetes Geflügel.

Kältewinter und Dürreschäden: Die Jahre 1947/48

Im Jahre 1947 hatten die SED und die neuen Staatsorgane eine schwere Bewährungsprobe zu bestehen. Sehr ungünstige Witterungsbedingungen vergrößerten die Schwierigkeiten der Nachkriegszeit. Einem unsagbar harten Winter folgte ein langer heißer Sommer, der schwere Dürreschäden anrichtete. Die Produktion stagnierte in vielen Betrieben, und die Versorgung der Bevölkerung mit den notwendig-

sten Bedarfsgütern konnte oft nicht gesichert werden. Krankheiten breiteten sich aus, und die Kindersterblichkeit war erschreckend hoch. Arbeitsdisziplin und -moral vieler Werktätigen erreichten einen Tiefstand."

(Leipziger Kulinarien)

Betriebe mußten wegen fehlender Brennstoffe ihre Arbeit einstellen. Schulen schlossen, weil auch bei strengem Frost nicht geheizt wurde. Wasserleitungen und Toiletten froren ein. Mütter ließen ihre Kinder auch tagsüber im Bett, um sie nicht unnötig durch Hunger und Kälte zu schwächen. In den Krankenhäusern mußten Erfrierungen an Händen und Füßen behandelt werden.

Die Leipziger Gaswerke gaben am 7. Februar 1948 die Einstellung der Gasversorgung für die Bevölkerung bekannt. Tausende mußten ohne warmes Essen, ja ohne einen Schluck heißen Malzkaffee zur Arbeit gehen. In Wärmestuben und Volksgaststätten versammelten sich vor allem alte Menschen. Die Zahl der Kältetoten ist nicht bekannt.

Die Vorräte an Lebensmitteln gingen zu Ende. Eingelagerte Kartoffeln erfroren, in Tageszeitungen gab es Hinweise, wie die Knollen, die süßlich schmeckten und wenig Nährwert hatten, dennoch verwertet werden konnten. Gläser mit eingewecktem Obst und Gemüse platzten vor Kälte. Hunger und Verzweiflung trieben die Menschen in die Hände von Schwarzhändlern und Schiebern.

In dem kalten Winter versetzte meine Mutter zunächst ihren goldenen Ehering, dann die Eisenbahnertaschenuhr meines Großvaters, die alle Plünderungen überstanden hatte. Wir erhielten mehrere Säcke Braunkohlen und einige Rüben. Während wir uns um den Kanonenofen scharten, heulten wir wie die Schloßhunde.

(Erika K., Görlitz)

Leipziger Volkszeitung, 18. Februar 1947

Die eingetretenen Schwierigkeiten in der Versorgung der Krankenhäuser, Bäcker, Altersheime, Kinderheime usw. mit Brennstoffen zwingen dazu, die Beheizung sämtlicher Gaststätten, Kinos, Kabaretts sowie aller Vergnügungsgaststätten mit sofortiger Wirkung zu verbieten.

Leipziger Volkszeitung, 13. Februar 1947

In ihrer verzweifelten Not greifen die Einwohner Leipzigs zur Selbsthilfe, reißen Gartenzäune ein, schlagen noch nicht hauungsfähiges Holz um, berauben Kohlenzüge ...

Überlebenshilfen

Plündern und Tauschen

(In Leutzsch bei Leipzig wurden Silos geplündert.) Ich ging hin, es herrschte das blanke Chaos. Die Leute stiegen wirklich in einem Brei von Marmelade, Honig und anderem herum. Was es gab, war heruntergeworfen, aufgeplatzt und aufgerissen. (Ich lud auf einen Handwagen große Platten.) Sie waren sehr dick und sahen gelblich aus. Später stellte sich heraus, die Tafeln waren aus Wachs. Während der Stromsperren erwiesen sie sich als wahrer Schatz. Der Kerzelmacher an der Angerbrücke gegenüber vom Straßendepot sagte zu mir: „Du kannst mit dem Wachs sowieso nichts anfangen. Für mich ist es die Grundlage meiner Arbeit." Kerzen standen damals hoch im Kurs. Die wurden nicht verkauft, sondern vertauscht. Das Tauschgeschäft mit dem Kerzelmacher hat uns über vieles hinweggebracht.

(Ahbe/Hofmann)

Meine Tante war sehr geschickt im Nähen. Aus dunklen Stoffen konnte sie schnell sogenannte „Trainingshosen" herstellen, die oben und an den Füßen mit Gummizug versehen waren. Die Mädchen trugen diese Hosen bei kaltem Wetter unter dem Rock; nur in Hosen zu gehen, war damals noch lange nicht üblich. Ein Ballen dunkelblauen Stoffes, außen etwas glänzend und innen „angerauht", wurde zu flotten Hosen verarbeitet und gegen Lebensmittel eingetauscht. Eine Nachbarin konnte besonders gut Fingerhandschuhe mit Norwegermuster stricken. Dazu wurden alte Säcke gewaschen, die Fäden aufgetrennt und die Muster mit rotem und blauem Perlgarn eingestrickt. Diese Handschuhe waren sehr beliebt und wurden sogar als Preise für eine Tombola ausgewählt. Für ein paar Handschuhe gab es z.B. einen Korb Äpfel oder ein Glas eingeweckter Kirschen oder Pflaumen.

(Irene K., Chemnitz)

Hamstern

Als Mädel hatte ich nicht allzuviel Kraft. Ich weiß heute noch, wir mußten (beim Hamstern) weit laufen. Es ging über mehrere Dörfer. Ich schleppte mich mit den Koffern von Baum zu Baum und dachte immer: „Jetzt der nächste Baum, jetzt der nächste, noch einer", bis ich dann unten beim Bahnhof war.

(Ahbe/Hofmann)

Wir zogen auch zum Hamstern und Ährenlesen über Land. Mein kleiner Bruder konnte nicht viel schleppen, aber meine Mutter hielt ihn an, er solle möglichst lange Strohhalme sammeln und mit nach Hause nehmen. Diese Halme wurden eingeweicht und im feuchten Zustand zu kleinen

Zöpfen geflochten. Mit einigem Geschick konnte man diese Zöpfe zu einer Schuhsohle zusammenfügen. Diese Sohlen wurden an gestrickte Socken genäht und hielten im Winter wunderbar warm.

(Käthe Fuchs, Leipzig)

Ich ging mit meiner Mutter „hamstern", um ein paar Wertsachen gegen Lebensmittel einzutauschen. Meine Mutter hat aber diese Touren immer so für mich wie einen Ausflug gestaltet. Es wurde unterwegs gesungen und kleine Spielchen gemacht, damit ich die Notlage nicht so sehr mitbekam.

(Renate Brix, Leipzig)

Freitag, 21. November
Diner: Kartoffelsuppe
Nachdem wir gestern vergebens auf Vati und Gerolf aus Petkus warteten, kamen sie heute Vormittag zurück. Doch welche Hiobsbotschaft brachten sie mit: sie sind in Dahme von der Polizei kontroliert wurden! Während wir uns hier förmlich die Löffel abzählen, haben diese Hunde weggeschnappt: reichlich ½ Zentner Kartoffeln, 10 ℔ Mehl, 15 ℔ Hafer, Erbsen und Zwiebeln = ca. für 6 Mann 14 Tage einen vollen Bauch! Und trotzdem brachten sie mit: 1 großes, lebendes Kaninchen, Blutwurst, Schweinefleisch, Möhren, Äpfel, Zwiebel, Erbsen. Das ist genug zum Fressen.

Volkssolidarität

Um die größte Not zu lindern, wurde im November 1945 die Aktion „Volkssolidarität gegen Wintersnot" gegründet, um Schulspeisung, Volksküchen und Kinderspeisung zu organisieren. In zahlreichen Zeitungsaufrufen wurde für solidarisches Handeln geworben: von der Sammlung von Sonnenblumenkernen zur Ölgewinnung für die zusätzliche Kinderspeisung bis zu Hilferufen, Kochtöpfe für die Volksgaststätten zu spenden.

Beinahe hätten Sie mich übersehen!

Neben der Wichtigkeit Ihrer Lebensmittelkarte ist ja so ein kleines Zettelchen auch zur Bedeutungslosigkeit verurteilt. Ich will auch nicht aufbegehren über Ihre stiefmütterliche Behandlung und bin Ihnen gern noch als Fidibus von Nutzen, wenn Sie sich meinen Text eingeprägt haben und danach handeln.

Nicht klagen - helfen!

Denken Sie an die Not der Alten, Bedürftigen, Umsiedler, Heimkehrer und elternlosen Kinder. Irgendein altes Kleidungsstück, Hausrat oder Möbel können auch Sie noch spenden, wenn Sie guten Willens sind. Geben Sie es dem Helfer der VOLKSSOLIDARITÄT mit, wenn er in der Adventszeit bei Ihnen vorspricht. Es ist nichts zu gering, daß es nicht doch noch Verwendung finden könnte.

VOLKSSOLIDARITÄT / KREISAUSSCHUSS LEIPZIG

(Stadtarchiv Leipzig Druckschriften Nr. 0.3.0./1946)

Die Volkssolidarität verstand sich, wie immer wieder betont wurde, nicht als caritative Hilfsgemeinschaft, sondern sah in ihrer Zielsetzung eine „Änderung des Bewußtseins der Menschen" in der sozialistischen Gemeinschaft.

Aktion Volkssolidarität gegen Wintersnot 1945/46
Für das Heranschaffen der notwendigsten Lebensmittel fehlt es (in Leipzig) an ausreichenden Motor-Transportfahrzeugen, weshalb auch für längere Strecken bis zum Skelett abgemagerte Pferde mit eingesetzt werden mußten.
(Stadtarchiv Leipzig ZGS 1945-1990 Nr. 546)

Im Einvernehmen mit der VVN erhalten Sie aus einer

SPENDE DER VOLKSSOLIDARITÄT

und der

CENTRALE SANITAIRE SUISSE

(Zürich):

250 g Margarine	*250 g Mehl*
250 g Zucker	*500 g Teigwaren*
250 g Kaffee	*1 Dose Kondensmilch*

Möge auch diese Spende ein Beweis dafür sein, daß den deutschen Kämpfern gegen den Faschismus in anderen Ländern in zunehmendem Maße Vertrauen entgegengebracht wird.

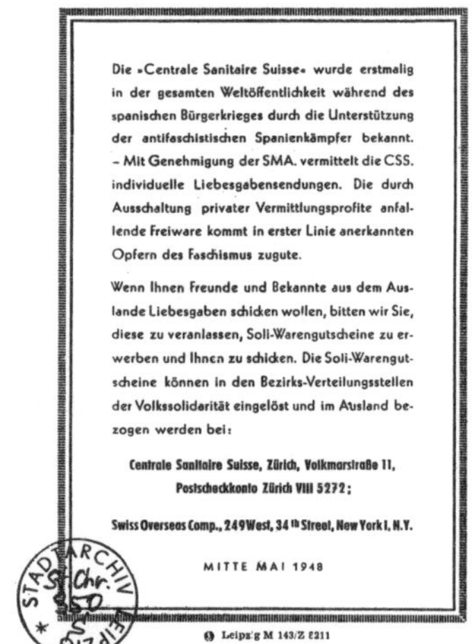

Die »Centrale Sanitaire Suisse« wurde erstmalig in der gesamten Weltöffentlichkeit während des spanischen Bürgerkrieges durch die Unterstützung der antifaschistischen Spanienkämpfer bekannt. – Mit Genehmigung der SMA. vermittelt die CSS. individuelle Liebesgabensendungen. Die durch Ausschaltung privater Vermittlungsprofite anfallende Freiware kommt in erster Linie anerkannten Opfern des Faschismus zugute.

Wenn Ihnen Freunde und Bekannte aus dem Auslande Liebesgaben schicken wollen, bitten wir Sie, diese zu veranlassen, Soli-Warengutscheine zu erwerben und Ihnen zu schicken. Die Soli-Warengutscheine können in den Bezirks-Verteilungsstellen der Volkssolidarität eingelöst und im Ausland bezogen werden bei:

Centrale Sanitaire Suisse, Zürich, Volkmarstraße 11, Postscheckkonto Zürich VIII 5272;

Swiss Overseas Comp., 249 West, 34 th Street, New York I, N.Y.

MITTE MAI 1948

(Stadtarchiv Leipzig ZGS 1945-1990 Nr. 344-353)

Leipziger Volkszeitung,
18. Oktober 1946

Die Leipziger Volksküchen

Ein Wunsch vieler wird erfüllt durch die Einrichtung der Volksküchen. Welche Sorge wird ihnen durch die Tatsache abgenommen: Ein vollwertiges warmes Essen kann in geheizten Räumen, sei es in Gaststätten oder Wärmehallen, eingenommen werden. In enger Zusammenarbeit der SED mit der Volkssolidarität, dem Sozialamt und dem Kommunalen Frauenausschuß wird die Organisation der Volksküchen durchgeführt.(...)

Sechsmal in der Woche gibt es warmes Volksküchen-Mittagessen. Gegen Markenabgabe von 150 g Brot, 50 g Nährmittel, 20 g Fett, 50 g Fleisch und 1500 g Kartoffeln kann eine Wochenkarte für sechs Mittagessen zu je 1 Liter erworben werden. Der Preis für eine Wochenkarte beträgt 3 RM.

Erfreulich ist, daß Hilfsbedürftige mit einem Monatseinkommen unter 90 RM das Essen verbilligt und zwar zum Preise von 1,80 RM je Woche erhalten können.

Schulspeisung und Brötchenbefehl

Volksstimme, 22. Januar 1946

Hoffnung auf kräftige Schulspeisung

62.500 Leipziger Schulkinder erhalten täglich eine warme Mahlzeit. Es wird dafür gesorgt, daß in Zukunft die Mahlzeiten kräftig und abwechslungsreich zubereitet werden.

Volksstimme, 8. Februar 1946

Die Leipziger Schulspeisung

Neuerdings konnte die Zuteilung für die Speisung wesentlich verbessert werden. Es gibt Mehl zum Binden, Zucker zum Süßen, ja sogar, wenn auch nicht in übermäßiger Menge – Butter zum Anreichern des Essens.

Besondere Aufmerksamkeit galt der Versorgung der Kinder, um ihnen wenigstens im Rahmen des Möglichen eine bescheidene Ernährung regelmäßig zu sichern. Deshalb wurden bereits mit der Eröffnung der Schulen im Oktober 1945 Anstrengungen unternommen, um eine Schulspeisung in gang zu setzen. Diese Bemühungen waren erfolgreich. Alle Kinder erhielten an allen Schultagen zusätzlich eine warme Mahlzeit. Das waren immerhin 60.000 Portionen täglich, die unter den sehr komplizierten Bedingungen ohne Abgabe von Lebensmittelmarken für einen Unkostenbeitrag von 30 Pf je Mahlzeit bereitgestellt wurden. Allerdings waren die Essenseinnahmebedingungen sehr primitiv. Ungeheizte Klassenräume oder Gänge in den Schulen wurden dafür genutzt. Aber das störte keinen, wichtiger war, etwas Warmes zu essen zu bekommen.

(Leipziger Kulinarien)

Ab 1946 gab es dann die Schulspeisung. Die Kinder mußten einen Eßnapf, ein Kochgeschirr oder einen Becher mitbringen, die bei Schulbeginn aufs Fensterbrett gestellt wurden. In der großen Pause wurde dann aus großen Kübeln die Schulspeisung ausgeteilt. Manchmal schmeckte das Essen gut, meistens schlecht. Sehr beliebt waren Schokoladen- oder Milchsuppen, die oft mit einem Brötchen gereicht wurden. Sehr häufig gab es eine erbsensuppenartige Masse, die die Kinder „Froscheier" nannten und die an in Tümpeln vorhandenen Froschlaich erinnerte.

(Max K., Dresden)

Mein Bruder, 10 Jahre alt, war so dünn, daß er für die Quäkerspeisung ausgesucht wurde.

(Erika Tottewitz, Leipzig)

Bei der Schulspeisung gab es Kohlrübeneintopf, Graupensuppe („Kälberzähne") oder süß-saure „Flecken" (Euter). Am besten schmeckte Milchreis mit Zucker und Zimt.

(Christa Weisbach, Leipzig)

Es war aber nicht möglich, diese Schulspeisung auch das ganze Jahr über in dieser Form durchzuführen. Deshalb war der Befehl Nr. 268 des Chefs der Sowjetischen Militäradministration in Deutschland vom 9. September 1946 von besonderer Bedeutung. Dieser als „Brötchenbefehl" in die Geschichte eingegangene Befehl wies an, daß ab 16. September 1946 allen Schulkindern in den Schulen täglich ein Brötchen und eine Tasse (Malz-)Kaffee zu geben ist. Diese Regelung galt für die gesamte sowjetische Besatzungszone.

(Leipziger Kulinarien)

Als Schulspeisung gab es 1948 ein 100-Gramm-Roggenbrötchen. Neben mir auf der Schulbank saß Werner H., ein Sohn eines Bäckers. Er gab mir jeweils sein Brötchen. Dafür bin ich ihm noch heute dankbar!

(Richard Tiefenbach, Leipzig)

Auslandspakete

Spenden aus westeuropäischen Ländern halfen da und dort, die Not etwas zu lindern. So empfing der Kreisausschuß für Volkssolidarität (in Plauen) vom Internationalen Roten Kreuz im Dezember 1946 80 Wolldecken und 1203 Kilogramm Zucker aus Irland. Die Decken wurden auf Kinderheime (...) aufgeteilt, den Zucker erhielten werdende Mütter in Plauen und Reichenbach. Weitere Lebensmittelspenden (...) kamen 4500 Kindern im Kreis zugute, die 13 Wochen lang täglich eine warme Mahlzeit erhalten konnten.
(Andreas Krone)

Zu Weihnachten bekamen wir, unser Onkel lebte in Amerika, die sogenannten CARE-Päckchen. Sie enthielten große Büchsen mit Fett, die eingeschweißt waren, und Mehl und Zucker, Lebensmittel zum Backen.
(Ahbe/Hofmann)

(18.10.1946) Vormittag von der CDU ein paquet de donation geholt, das ein Schweizer Hilfscomite den Faschismusopfern spendet. Richter von der Bekenntniskirche (...) machte mich neulich beim Russenchor darauf aufmerksam. Bisschen peinlich, wo ich doch aus der Kirche ausgetreten bin. Das Packet enthält eine Unmenge Käse, eine große Hartwurst u. zwei Conservenbüchsen Schinken u. Butter.
(26.1.1947) Allerhand Briefe u. Brieferledigung. (...) Ich schrieb an Schenker & Co in Lübeck, das Packet aus Stockholm monierend. Die unerfüllte Sehnsucht nach Auslandspacketen.
(11.3.1947) Steiniger besuchte uns u. zeigte mir einen gedruckten (also an sehr viele Leute geschickten) Brief eines Hamburger

Spediteurs. Hauptinhalt: Zu unserem Bedauern ist Ihr Stockholmer Packet N 6 ... geraubt worden. Unser Lagerraum ist bewacht, aber „gegen vielköpfige pistolenbewaffnete Banden sind wir machtlos".
(3. April 1947) Clou des Tages: Am späteren Abend ganz unvermutet ein Russen-Osterpacket durch Chauffeur gebracht. Reichlich Butter, weißes Mehl, Heringe, Kartoffeln. Fleischconserve, Zucker, Marmelade, Sülze, 100 Cigaretten. – Wir freuten uns wie die Kinder.
(Victor Klemperer)

Wir waren 4 Kinder im Alter von 8 bis 13 Jahren und hatten das Glück, daß wir mit Kleidung und Lebensmitteln von Verwandten aus Schweden und USA unterstützt wurden.
(Richard Tiefenbach, Leipzig)

Die Sowjetunion half 1948 mit Lebensmitteln, so mit der Lieferung von 4000 Tonnen Getreide und 800 Tonnen Speiseöl nach Leipzig. Die Hilfssendungen gingen nicht in das alltägliche Verteilungssystem ein, sondern wurden als Sonderzuteilungen vergeben. So erhielt im Sommer 1948 jeder Leipziger Bürger „dank der sowjetischen Getreidelieferungen" ein halbes Kilogramm Gerstenmehl oder Graupen. Die Lieferungen aus der Sowjetunion wurden von den Bewohnern als großzügige Geste verstanden, waren aber auf den Gesamtbedarf der Stadt bezogen unbedeutend.

Als Anerkennung volkswirtschaftlicher und gesellschaftlicher Aufbauarbeit wurden an Funktionsträger, bedeutende Wissenschaftler und Künstler von den sowjetischen Behörden Lebensmittelpakete, „Pajoks", auch „Stalin-Pakete" genannt, verteilt.

Prominente und Privilegien

Ich kam 1945 aus der Gefangenschaft. (...) 1946 traten Heinz Rühmann und Hertha Feiler in Leipzig auf. Rühmann kam mit seiner Frau in einem roten BMW angefahren, einem knallroten Cabrio. Darüber staunten wir nur. „Der Mustergatte" wurde gespielt.
(Ahbe/Hofmann)

Dem bekannten Schauspieler Heinz Rühmann hatten die Amerikaner wegen seine aktiven künstlerischen Tätigkeit in der NS-Zeit zunächst verboten, im Filmgeschäft mitzuwirken, deshalb tingelte er mit einer Theatergruppe durch die sowjetische Besatzungszone, bevor er 1947 eine eigene Filmgesellschaft gründete.

In Aussicht genommen sind 14 Abend-Vorstellungen und 1 Sonntag-Nachmittag-Vorstellung (in der Zeit vom 21. Juli bis 5. August 1946). Vereinbart wurde ein Tageshonorar von RM 2800.– Außerdem haben wir zu zahlen an den Verlag des Stückes „Der Mustergatte" eine Tantieme von 10% der Einnahmen sowie freie Kost und Unterkunft. Außerdem 200 Liter Benzin und 10 Liter Öl. (...)
Die Beköstigung wird in folgender Weise gewünscht: Frühstück, Mittagessen, Imbiß vor der Vorstellung, Abendessen nach der Vorstellung.
Aktennotiz des Leipziger Bürgermeisters Sachse vom 17. Juni 1946

Aber selbst bei großzügiger Bezahlung knurrte am Frühstückstisch der Magen der prominenten Truppe.

Am 23. Juli 1946 schreibt Bürgermeister Sachse an den Direktor des Städtischen Schauspielhauses Leipzig
Die am Rühmann-Gastspiel Beteiligten werden zum Frühstück nicht satt. Ich bitte deshalb zu erwägen, ob für das Frühstück noch zugeteilt werden können
1. pro Mann weitere 3 Scheiben Brot,
2. die für diese Scheiben Brot notwendige Marmelade.
(Ursula Oehme)

Rühmann erinnert sich in seinen Memoiren auch an einen „Großbauern", der die Schauspielertruppe mit Fleisch, Butter und Eiern gut versorgte und sich als Gegenleistung eine kleine Privatvorstellung in seinem Hause erbat, bei der die Frau des Hauses als Schauspielerin debütieren sollte. Die „Gage" für diesen ungewöhnlichen Theaterabend war ein vollgepackter Lastwagen für das gesamte Ensemble mit Kartoffeln, Obst, Wurst und Konserven, einigen Schinken und in einem Verschlag eine Milchziege für den dreijährigen Sohn Peter.
Auch Victor Klemperer genoß die Privilegien der Prominenz.

Einladung u.a. mit Johannes R. Becher, April 1946
(20. April 1946) Danach, etwa 1/2 10 in mehreren Autos zum Weißen Hirsch. Das Gästehaus schien mir eine Villa auf einer tieferen Geländestufe irgendwo beim Luisenhof. Vorsaal, Garderobe, Eßzimmer, elegant gedeckter Tisch, Kellnerbedienung. Das Essen sehr zeitgemäß: eine Suppe, Möhren, Nudeln, Kartoffeln, Fleischsauce, ein süßer Flammeri. Kein Rauchzeug. Aber sehr guter Rotwein u. dann sehr guter Sekt. Ein ganz ungewöhnlicher Genuß.

Volksstimme, 23. Januar 1948

Hamsterlager in Wurzen ausgehoben

Eine Ortsbesichtigung bei dem Klempnermeister Otto H. in Wurzen führte zur Entdeckung eines Hamsterlagers.
1241 Kartoffelschäler, 2031 Tassen, 2100 Rasierklingen, 2474 Einkochgläser, 10.310 Gummiringe, 12.000 Wäscheklammern und einige Hundert Siebe, Bestecke, Milchflaschen, Nachtgeschirre, Gasanzünder, Roßhaarbesen, Rasierpinsel, Thermosflaschen (...)
Hunderte von ausgebombten Familien, Tausende von Flüchtlingen und Umsiedlern würden sich glücklich schätzen, wenn sie wenigstens ein Besteck, eine Schüssel, einen Topf, eine Tasse oder einen Teller ihr eigen nennen würden, während hier eine Hamsterei in unverantwortlichem Ausmaße betrieben worden ist. Die ganze Strenge der Gesetze werden diese Volksschädlinge nun zu spüren bekommen.

(28. August 1946) Im letzten Augenblick erfuhr ich von einer Russeneinladung für die Spitzenprominenz (...). Schloß Wachwitz, eine fürstliche Villa 1938 für einen Prinzen Heinrich erbaut. (...) Man stand lange auf der Terrasse hinter dem Haus u. hatte prachtvollen Blick auf Elbe u. Stadt u. Bergzug dahinter; die Zerstörung machte sich nicht bemerkbar. Endlich, es war wohl schon 9 h, zum Essen hineingerufen. Großer Tisch in einem Hauptzimmer. Kleine Tische in einem stattlichen Nebenraum. (...) Der Tisch mit Vorspeisen – Caviar, Fischchen, Eier, Wurst, Tomaten gedeckt, reichlichste Butter, weißes Brot unbeschränkt. Ein Paradies.

Geschenke zum 65. Geburtstag

(9. Oktober 1946) Sehr hübsch war der Glückwunsch der SMA, überbracht durch Oberleutnant Kotschikow. (...) Ich redete mit ihm über den Nazismus, der in der Jugend hafte. Er: bei uns in Deutschland scheine das Alter fortschrittlicher als die Jugend. Ich: das habe natürlichsten Grund. Am Anfang des Gespräches hatte er (...) Glückwünsche der SMA überbracht. Am Schluß sagte ich ihm feierlich: ich halte von ganzem Herzen u. mit Dankbarkeit zu Sowjetrußland. – Dann ließ er durch seinen Chauffeur hereintragen: 3 Flaschen Alkolat, einen Klotz Rindfleisch 2 1/2 Pfd., eine Monatsration – (provera Germania!), eine große Tüte Zucker, 2 Pfd. Butter u. wohl 10 Pfd. weißes Mehl. – Das ist die bedeutendste Ausbeute des Tages, u. ganze 240 Cigaretten waren noch beim Sowjetgeschenk.

(Victor Klemperer)

Schwarzmarkt und Kriminalität

Die Not ließ in den Städten Orte entstehen, an denen getauscht wurde – meist Ware gegen Ware oder Verkauf von Waren zu Preisen, die schwindelerregend hoch waren. Vielfach wurden Zigaretten als „Währung" benutzt. Der Schwarze Markt war ein Eldorado für illegale Machenschaften, Diebesgut wurde verhökert, und kriminelle Banden versammelten sich hier. Aber auch der „kleine Mann kaubelte oder gaubelte" (das ist sächsisch und heißt: tauschte) dort, um extremen Notsituationen zu entgehen. Ein paar Silberlöffel gegen ein Päckchen Süßstoff, für ein Brot gab man Schmuck, Bekleidung oder Kunstgegenstände hin.

Offiziell existierten diese Tauschmärkte nicht. Der Zeitungsleser erfuhr meist von der Existenz dieser Märkte, wenn eine Razzia erfolgreich beendet und die Täter festgesetzt wurden.

In den Städten waren Schwarzmarkt und Tauschgeschäfte an der Tagesordnung. In Meißen war nicht selten Porzellan das Tauschobjekt. Es wurde weit unter dem heutigen Wert gehandelt und brachte manchem Bauern oder Schieber Jahrzehnte später erheblichen Ertrag ein.
Aus dem Erzgebirge und dem Vogtland kamen Textilwaren auf den schwarzen Markt. Häufig fuhren ganze Lastwagen mit Textilien und Strümpfen vor, um Lebensmittel einzutauschen.

(Dr. Dieter Panier, Ilmenau)

Unmittelbar nach dem Krieg verkehrten im (Leipziger

Lokal) Atrium auch zahlreiche Schieber, kleine und große Ganoven, die hier ihre (...) Geschäfte inszenierten, abwikkelten, sich berieten und mancherlei Dinge ausheckten. Ein Ergebnis war der „Garderobenmarder". Unauffällig stellte er bei wertvollen Kleidungsstücken, die an der Garderobe abgegeben wurden, die Nummer der Garderobenmarke fest und holte sich das gute Stück später mit einer gefälschten Marke ab.

(Leipziger Gastronomie)

Leipziger Volkszeitung, 28. Mai 1949

Razzia um Mitternacht

Mitternacht auf dem Hauptbahnhof. Schläfrige Gestalten bevölkern die Bahnsteige. Eben fährt ein Zug ein. Die Reisenden quellen aus den Abteilen heraus und streben, mehr oder weniger schwer bepackt, nach den Sperren. (...)
493 Männer und Frauen müssen sich ausweisen und die Gepäckstücke öffnen (...), nach erfolgter (...) Kontrolle verblieb ihr rechtmäßiges Eigentum uneingeschränkt in ihrem Besitz.
Bei 80 Personen aber wurden Schieberwaren sichergestellt. Herr A.D. (...) versichert vergebens, daß die lumpigen 184 Dosen Fisch, 30 Tafeln Schokolade als bescheidenes Hochzeitsgeschenk gedacht seien.
Sehr mißgestimmt ist Herr F.L. (...), der trotz guter Tarnung mit 6 kg Butter zwischen Hemd und Hose unangenehm auffiel.

Volksstimme, 12. Januar 1946

Mehl im Besenschrank

Die Firma Joachim Gaschütz (...) lagerte 75 kg Mehl in der Garage hinter einer ausgehangenen Tür, 45 kg in einem Besenschrank, 2,5 kg Mehl und 2,5 kg Rosinen in einem Berliner Ofen, 25 kg Zucker in einer Wohnstube, Weihnachtsstollen auf dem Boden neben Friedenswaschpulver, Kern- und Rasierseife sowie 50 Paar neuer Schuhe.

Tägliche Rundschau, 2. März 1946

Mit der Verhaftung von rund siebzig Personen in zwei Wochen ist es der Leipziger Kriminalpolizei gelungen, bis an die Quellen des Schwarzhandels heranzukommen. (...)
Der schwarze Markt setzt sich in Leipzig aus drei großen Kreisen zusammen: dem der Einbrecher, dem der Fälscher und dem der Schieber. Alle Altersstufen von 16 Jahren an sind vertreten. (...) Einbrecher, Fälscher und Schieber arbeiten auf Gegenseitigkeit; gegen Umsatz- und Gewinnbeteiligung am „Geschäft" stehen ihnen Lastwagen, Garagen und Lagerräume zur Verfügung.
Der größte Teil der Schieberware stammt aus Einbrüchen. Der 31jährige „Haupteinbrecher" W. verfügte aus dem Erlös seines Diebesgutes über mindestens eine Million Mark. Mehrere junge Burschen stahlen in Leipzig 1000 Meter Stoff und verdienten daran 200.000 Mark; der Bestohlene jedoch erstattete keine Anzeige, weil er den Uniformstoff als Reichsvermögen hätte abliefern müssen. (...)
Ein Angestellter der Tauchaer Molkerei gab zu, an seiner Arbeitsstelle rund 300 Stück Butter gestohlen und für je 100 Mark verkauft zu haben. (...)
Leider sind Frauen höchst aktiv und in einem Umfang an den Schiebungen beteiligt, wie man es nicht für möglich halten sollte. Da verschob eine Frau, die von der Stadt Fürsorge bezog, in wenigen Wochen 135 Zentner Mehl. Bei ihr allein wurden 51.000 Mark beschlagnahmt.
Die Schieber und das mit ihnen verbündete Heer der Diebe, Hehler, Betrüger und Fälscher gefährden nicht nur jede Auffassung von menschlicher und geschäftlicher Sauberkeit, sie bedrohen gleichzeitig die Ernährung und Bekleidung unserer Kinder und der Bevölkerung, sie bedrohen die Währung und werden so zu politischen Volksschädlingen, gegen die nicht nur die Kriminalpolizei, sondern ganz Leipzig vorgeht.

Die Ärmsten der Armen

Kinder, Schüler, Lehrlinge und Studenten

Meine am 2. Juni 1945 geborene Tochter wog bei der Geburt 3 1/2 Pfund. Ich erhielt jeden Tag einen halben Liter Milch, aber ich konnte ihr diese Nahrung nicht geben, weil die Milch stets sauer war. Der Milchhof, wo die Milch hätte gekühlt werden können, war zerbombt. Stillen konnte ich auch nicht, so mußte ich alle drei Stunden, auch nachts, einen Brei aus Wasser, Gräupchen-Haferflocken oder Reisschleim füttern. Wenn auch alle Nährmittel mehr als knapp waren, ich habe meine Tochter groß gekriegt.

(Gertraude Mondon, Leipzig)

Die Tagesration für Kinder bis zu 14 Jahren betrug im September 1946: Brot 300 Gramm, Nährmittel 25 Gramm, Zucker 25 Gramm, Fleisch 20 Gramm, Fett 20 Gramm, Marmelade 30 Gramm.

Bericht von Charlotte Georgi über die Zeit Juni 1945

Wie an vielen Orten Hamsterlager der Nazis entdeckt wurden, so auch in Schleußig bei dem Fleischermeister in der Brockhausstraße.

Mitarbeiter des Antifaschistischen Blockes stellten die dort im Keller versteckten Fette, Talg und andere Lebensmittelvorräte in der Konsumverkaufsstelle Schnorrstraße sicher

Volksstimme, 3. März 1946

Milchkannen abliefern

Der Milchhof bittet uns um folgende Veröffentlichung: Jede Milchkanne bedeutet für die Versorgung der Kinder mit Milch ein kostbares Gut. Tausende von Milchkannen sind durch Kriegseinwirkungen vernichtet worden. Hunderte stehen noch in Kantinen, Gastwirtschaften, Fleischereien, Bäckereien usw., ja selbst in Privathaushalten. Es wird erwartet, daß dieser Hinweis zur Rückgabe der Milchkannen genügt. Sie können entweder im Milchhof oder in jedem Molkereigeschäft abgegeben werden.

Volksstimme, 23. Januar 1948

Vigantol gegen Rachitis

Säuglinge erhalten Vigantol, um die Kinder von Rachitis zu heilen. 70% aller Säuglinge in Leipzig haben Ansatz zu Rachitis. Die Ursache liegt in der Ernährung. Es fehlt ein bestimmter Stoff, ein Vitamin, das im Vigantol vorwiegend vorhanden ist.

und beschlossen, dieselben an die Kinder in Schleußig zu verteilen. Wir stritten lange darüber, ob auch die Kinder der Nazis bedacht werden sollten. Aber die Stimmen, die dagegen sprachen, waren in der Mehrzahl, und so wurden die Mütter dieser Kinder abgewiesen. Mir selbst war dabei nicht ganz wohl, denn auch diese Kinder hatten Hunger. Die Bevölkerung selbst aber paßte bei der Verteilung höllisch auf, daß sich keine Nazifrau anstellte.
Eine aber hatte doch ihre Zugehörigkeit zur NSDAP verleugnet und auch Fett erhalten. Dieser Frau hatten später die anderen Frauen so zugesetzt, daß sie mir am anderen Tage das Fett, von Gewissensbissen geplagt, ins Haus brachte.
Und in diesem Falle ließ ich mein Herz sprechen, sie durfte das Fett behalten.

(Stadtarchiv Leipzig ZGS 1945-1990, Nr. 543)

Mich als Kind hat sehr beeindruckt, mit welchem Überfluß die amerikanischen Truppen zu uns nach Deutschland kamen. Auf unserem Grundstück blieb nach dem Abzug der Amerikaner sehr viel liegen. Lebensmittel, angerissene Packungen mit Keksen, Früchtebrot und Dosen, das durften wir alles einsammeln, daran hinderte uns niemand. Meine Mutter hob es auf, für den Tag, an dem mein Vater aus dem Krieg zurückkommen würde. Deshalb ist mir das so in Erinnerung, denn sie zeigte mir das ab und zu. Die letzten Reste haben wir darum auch erst 1947 verbraucht, als keine Hoffnung mehr bestand, daß mein Vater zurückkehren würde.

(Ahbe/Hofmann)

Meine Mutter fuhr über die Zonengrenze, um mir zum Schulanfang etwas Süßes für die Zuckertüte zu „organisieren". Dabei wurde sie erwischt und eingesperrt. Nach zwei Tagen „Arbeit", d.h. Kartoffelschälen, durfte sie wieder gehen.

(Karin Kind, Holzhausen)

7800 Schulkinder konnte die Stadt Leipzig (1946) mit einer Zuckertüte beschenken. (...) Für je eine Tüte wurden 500 g Obst, 275 g Gebäck und 125 g Süßwaren zur Verfügung gestellt.

(Stadtarchiv Leipzig ZGS 1945–1990, Nr. 2867)

Mit meiner Mutti und Oma ging ich (zur Einschulung) in die Schule. Mein Vater war noch vermißt. Es waren fast nur Mütter und Großmütter in der Schule. (...) Den Eltern wurde gesagt, sie sollten bitte keine Zuckertüten an die Schule bringen, da nicht alle Kinder in Leipzig eine bekommen könnten. Die Kinder würden alle auf ihrem Platz eine kleine Tüte vorfinden. Und so war es auch. Ich erinnere mich noch, daß auf meinem Platz eine kleine Tüte lag, aus grau-rotem Papier wie vom Kaufmannsladen. Darin steckten ein paar Fondants. Die packten wir glücklich in unseren Ranzen.

(Ahbe/Hofmann)

Große Anstrengungen wurden für den Aufbau einer Kinderspeisung unternommen. So konnte man im März 1949 in den amtlichen Bekanntmachungen lesen, daß es der Volkssolidarität gelungen sei, vom Internationalen

Roten Kreuz eine Lebensmittelspende zu erhalten, die es ermöglicht, 1500 bedürftigen Kindern im Landkreis (Leipzig) täglich eine zusätzliche Mahlzeit zu verabreichen.
(Leipziger Kulinarien)

Zu Ostern 1946 erlebten wir eine angenehme Überraschung. Ein russischer Soldat fragte meine Mutter, ob das Kind Ostereier bekäme und brachte am nächsten Tag eine Packung Hühnereier mit.
(Monika Neuendorf, Ilmenau)

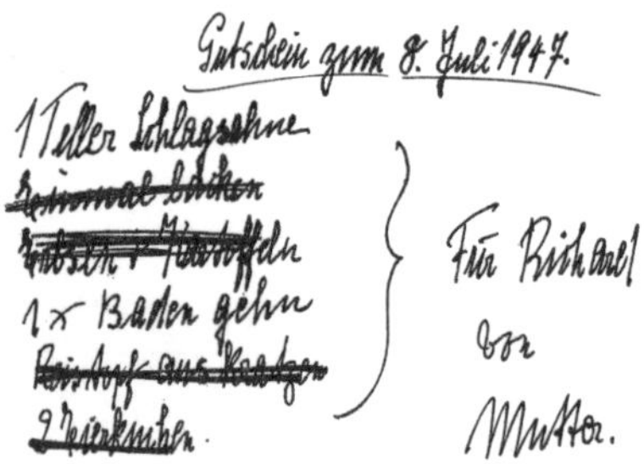
Gutschein zum 8. Juli 1947.
1 Teller Schlagsahne
~~Einmal Backen~~
~~Erbsen + Kartoffeln~~
1x Baden gehn
~~Reistopf auskratzen~~
Für Richard von Mutter.

Diesen Gutschein habe ich zu meinem 13. Geburtstag von meiner Mutter erhalten. Zur Erklärung: Die Schlagsahne bestand aus Milch und geriebenen Kartoffeln. „Einmal Backen" bedeutete, daß ich dabei sein durfte und von Streuseln oder Teig naschen konnte. Erbsen und Kartoffeln waren Gerichte, die endlich einmal satt machten. Unter dem Geschenk „Reistopf auskratzen" ist zu verstehen: Jedes der vier Kinder unserer Familie im Alter zwischen 8 und 13 Jahren wollte unbedingt den Topf auskratzen. Als Geburtstagskind stand mir jetzt dieser Vorzug zu.
Die durchgestrichenen „Geschenke" bedeuteten, Geschenk wurde bereits eingelöst.
(Richard Tiefenbach, Leipzig)

Der Hunger war schlimm, aber nach Bonbons und Zucker waren wir Kinder regelrecht süchtig. Zu Weihnachten gab es mal Fondants, das reinste Zuckerzeug. Und im Frühling, „wenn der weiße Flieder blühte", lutschten wir die einzelnen Flieder-Blüten aus.

(Erna Klemm, Radebeul)

Süßigkeiten kannten wir kaum, manchmal tauschte Mutter eine Fettmarke für ein paar Bonbons.

(Erika Tottewitz, Leipzig)

Für uns Kinder war die Nachkriegszeit das Abenteuer schlechthin. Anfangs keine Schule, ständig auf Achse. Häufig bei der Roten Armee, um etwas Eßbares abzustauben, aber auch um Bier zu holen – was mit dem Besatzungsgeld fürstlich belohnt wurde. Wir kannten noch einen alten Wirt, der einige Fässer über das Kriegsende gerettet hatte. Später wurden dann Obst, Gemüse und Kartoffeln „besorgt" – im Stil eines Blitzeinbruchs, aber nur auf dem Acker, nie in den Gärten kleiner Leute. Die kleinen Mengen wurden blitzschnell auf dem Fahrrad weggeschafft. Apropos Fahrrad! Was da so alles als Bereifung herhalten mußte, wenn das x-mal geflickte Material nicht mehr wollte. Zum Beispiel der Gartenschlauch oder ein altes Förderband. Ein ganz Findiger hatte kleinere Spiralfedern in die Felgen genietet – Hauptsache, es rollte.

(Dr. Dieter Panier, Ilmenau)

Mein jüngerer Bruder und ich schauten uns immer wieder das Dr.-Oetker-Vorkriegskochbuch unserer Mutti an und stellten uns – meist am Ende einer Zuteilungsdekade – vor, wie die Gerichte wohl schmecken könnten.

(Barbara Busch, Leipzig)

Tagebucheintrag 1946 des 12jährigen Schülers Richard Tiefenbach, Leipzig

<u>Mein Geburtstag. 1946</u>

Die Nacht vor meinem Geburts-
tag konnte ich gar nicht rich-
tig schlafen so freute ich mich
auf meinen Geburtstag.
Endlich war es Morgen es war
3/4 6 und ich stand auf, zog mich
an, und ging zu Mutter ins
Schlafzimmer. Hier gratulierte sie
mir und hatte mich lieb.
Dann ging sie hinaus und nach
einer Weile rief sie mich. Ich
ging hinaus, und in der Diele
stand mein Geburtstagstisch.
Von Vater hatte ich bekommen:
<u>100 gr. Kartoffelflocken</u> und eine
Büchse voll gerösteten Kartoffel-
flocken mit Zucker. Wolfgang Lindner
hatte mir zwei Schnellhefter ge-
schenkt. Gisela eine <u>aufgesparte Waf-
fel</u> und Maria ein Notizbuch mit
Bleistift und Lesezeichen. Vater hat-
te mir noch geschenkt: 12 Vierer-
blöcke und einige Einheitsmar-
ken. Von ~~Günther~~ Frau Uckermann be-
kam ich ein sehr schönes Buch.
<u>2 Kartoffelpuffer</u> (süs), einige
Ansichtskarten und 2 Schreibehef-
te. Else Ludwig schickte mir ein
Paar Briefmarken und Inge
Seidel schenkte 8 <u>11 Plätzchen</u> und
eine Tüte mit Abziehbildern.
Von Mutter bekam ich das Meiste
Sie hatte mir geschenkt:
2 Schnellhefter, 1 Kuchen (gefüllt) 17
gelbe Bonbons, 6 Kekse, 6 Postkarten
(mit je 2·6 Pfennig) 1 Karte mit
einer Österreichmarke und
einen Gutschein auf dem folgen-
des stand: [illegible] eis essen, einen Ausflug,
1· essen gehen und 1· Kondidorei.
Auch ein Lindenstrauß war
auf meinem Tisch.

Kinderspeise

→ **Den Boden einer Porzellanschüssel legt man dicht mit Zwieback, Keksen oder Weißbrotscheiben aus und gibt darauf Obstkompott je nach Jahreszeit. Aus Milch, Mehl, Grieß oder Maismehl einen dicken Pudding kochen und über das Obst schütten. Nach dem Erkalten mit Zucker bestreuen.**
→ **Schmeckt heute noch!**

Süßspeise

6 EL Milchpulver
1 EL Zucker
8 EL Wasser
3 EL geriebene Möhren oder kleingeschnittenes Trockenobst

→ **Milchpulver, Zucker und Wasser glattrühren und mit dem Schneebesen schlagen. Möhren oder Obst daruntermischen. In Glasschälchen anrichten.**

In der Nachkriegszeit ging ich in die Hauswirtschaftliche Berufsschule in Dresden. Wir lernten Kochen, Nähen, Plätten und sogar Säuglingspflege. Der Kochunterricht fand in einer schön eingerichteten Küche mit Elektroherd, Tischen, Hockern, Regalen mit Geschirr und Töpfen statt. Leider fehlten die Nahrungsmittel. Viele Gerichte wurden nur theoretisch durchgesprochen oder mit Ersatzmitteln hergestellt. Die Schülerinnen mußten Lebensmittel mitbringen. Fleischgerichte konnten nicht gelernt werden, weil die Mütter von den wenigen Fleischmarken nichts hergeben konnten.
Wir haben auch Sirup aus Zuckerrüben gekocht, das war eine tolle Arbeit. Viele Jahre konnte ich das Wort nicht mehr hören, geschweige Sirup essen. Aber jetzt esse ich ganz gerne morgens ein Knäckebrot mit Grafschafter-Sirup. An meine Berufsschulzeit erinnere ich mich heute noch gerne.
(E. Kusche, Dresden)

Ich verbrachte bis 1952 sämtliche Sommerferien mit Ferienarbeit auf dem Land. Anfangs stand vor allem Kühehüten an. Dann auch „Hühnerhüten", das hieß: Die Hühner wurden in einem mobilen Stall auf abgeerntete Flächen, besonders Weizenäcker gefahren und mußten wegen des angrenzenden Waldes vor Raubtieren wie Füchsen und Vögeln geschützt werden. Später kamen, mit abnehmender Arbeitskräftezahl auf dem Dorf (Aufbauprogramm, Wismut), Arbeiten im Pferdestall, mit Pferden auf dem Acker und die üblichen Feldarbeiten im Erntegeschehen hinzu. Voller Stolz wurde dann ein Gespann übernommen, für das ich eigenverantwortlich war, und bisweilen durfte ich sogar den Traktor aufs Feld lenken. Für meine alleinerziehende Mutter waren die jeweiligen acht Wochen eine erhebliche Entlastung an der „Versorgungsfront", war doch ein starker Esser für diese Zeit gut versorgt, der zudem als Arbeitslohn in der Regel zwei Säcke Kartoffeln und einen Sack Weizen mitbrachte – goldene Dinge zur damaligen Zeit.

(Dr. Dieter Panier, Ilmenau)

Meine Kindheitserinnerungen: Hunger tat richtig weh. Wir gingen ins Kino und sahen uns die blödesten Russenfilme an, nur um abgelenkt zu werden und den Hunger einige Stunden nicht zu spüren.

(Barbara Busch, Leipzig)

Lehrlingsausbildung von Köchen

Heute ist es nicht mehr vorstellbar, unter welchen Bedingungen die jungen Leute arbeiten mußten. Aber auch für die Ausbilder war es nicht leicht. Viel Zeit bedurfte es, um die Lebensmittelmarken gewissenhaft zu erfassen und abzurechnen. Nach Fleisch-, Fett-, Brot- und Kartoffelmarken getrennt, versteht sich. Jede Differenz wurde geahndet.

Es gehörte Mut dazu, vier halbe Schnitten Brot als Schwedenplatte zu bezeichnen, wenn der Aufstrich aus „Aalpaste" bestand. Beliebt

Süße Milch

1/2 l Milch
1 EL Mehl
etwas Zucker
10 EL Holunder-, Erdbeer- oder Apfelsaft

➔ **Mehl kalt anrühren und in der Milch aufkochen lassen. Mit Zucker abschmecken. Nach dem Erkalten den Saft zugeben und kalt servieren.**

Haferflocken-Leckerli

250 g Zucker
1 Päckchen Vanillezucker
25 g Kakao
1/10 l Milch
25 g Butter
1–2 Fl. Rumaroma
300 g Haferflocken

➔ **Zucker, Vanillezucker und Kakao mischen, dazu Fett und Milch, alles unterrühren und aufkochen. In die heiße Masse Aroma und Haferflocken einrühren. Wenn die Masse abgekühlt ist, mit einem Teelöffel Häufchen auf einen Porzellanteller setzen und über Nacht trocknen lassen.**

Volksstimme,
Anzeige 10. März 1946,

Töchterheim Sonnenblick
(15) Hochheim-Erfurt
nimmt wieder junge
Mädchen in Pension.
Hauswirtschaft, Kochen,
Backen, Musik. –
Sehr schöne, gesunde Lage!
Mütterliche Betreuung

waren auch Rotkraut aus Roten Rüben und Spinat aus Rübenblättern. Jeder versuchte, so gut es ging, zu verwerten, was gerade da war.
In den Küchen sahen wir die Lehrlinge unter schwersten Bedingungen ihren Dienst tun. Schon die Kleidung, die sie trugen, ist kaum zu beschreiben. Einer stand in Holzpantinen mit kurzer Hose, einem Sporthemd und einem als Schürze vorgebundenen Sack bekleidet an seinem Arbeitsplatz.
Schwierig war es, Material für das Prüfungsvorhaben zu beschaffen. Nach längeren Verhandlungen mit der Abt. Sozialfürsorge und Berufsausbildung und dem Arbeitsamt bekamen wir einige Lebensmittelkarten zugeteilt. Wenn es auch bescheiden war, was die Lehrlinge herstellen konnten, so war es doch für sie eine richtige Prüfung. Freudig aufatmend konnten sie als Gesellen ihren eben bestandenen Lehrabschluß mit einem Schluck Alkohol begießen.
Neben ihren praktischen Arbeiten mußten die Prüflinge auch ein

Gehilfenprüfung
„Frühjahr 1946"
Speisenfolge:
Kraftbrühe mit Einlage
(Kochlehrling Schewardo)
Butternudeln mit Tomatentunke
(Kochlehrling Arndt)
Sauerbraten mit Thüringer
Klößen (Kochlehrling Schumann)
Fruchtpudding mit Mandeltunke
(Kochlehrling Reissig)
Bedienung: Kellnerlehrlinge
Fiedler und Heide

betriebliches Thema in einer Hausarbeit behandeln. In diesen Arbeiten konnte man manchen lustigen Satz lesen. Ein Kellnerlehrling schrieb: „Bei der Hochzeit durfte ich die Braut bedienen. Als ich die Suppe einsetzen wollte, goß ich sie über das Brautkleid. Zum Glück hatte die Suppe keine Fettaugen." Eine junge Köchin äußerte sich über das kalte Buffet: „Wenn die Platten angerichtet sind, geht der Chef durch die kalte Küche, sucht alle Abschnitte zusammen und macht daraus einen schmackhaften Salat."

Was (später) in der Goldenen Krone (in Leipzig) – hier fand die erste Meisterprüfung statt – alles gekocht wurde, kann ich heute nicht mehr sagen; aber an eine Arbeit kann ich mich erinnern – es war Nutria (d.i. eine Biberratte, die als Pelztier gezüchtet wird), auf Meißner Porzellan serviert.

(Leipziger Gastronomie)

Schrittweise gelang es, die Versorgung zu verbessern, (so auch) bei der Studentenverpflegung. Im Studienjahr 1946/47 war es (in Leipzig) möglich, kleine Küchen und Ausgabestellen (...) zu schaffen. (...) Im Verlauf des Jahres gelang es, im Amtsgericht eine Großküche auszubauen. (...) Die Kapazität als „Universitäts-Werkküche" betrug in zwei Schichten 4000 Portionen. (...) Damit war eine wesentliche Unterstützung für die Studenten gegeben, von denen bei der damals niedrigsten Lebensmittelkarteneinstufung viele manchen Tag ohne warmes Essen auskommen mußten.

(Leipziger Kulinarien)

Bis 1948 war Auerbachs Keller (in Leipzig) Pachtbetrieb der Dortmunder Unionsbrauerei. Bei Kriegsende lagerten in den Kellerräumen noch größere Mengen an Kartoffeln, Reis und Haferflocken, die, zu Suppen verarbeitet, den notleidenden

Einwohnern und Studenten eine kärgliche Mahlzeit abgaben. Zum ersten Male in seiner Geschichte war Auerbachs Keller „Suppenküche" geworden.
(Leipziger Gastronomie)

Wir bauten die Bibliotheken in Kreis Bautzen auf. (...)
Wir arbeiteten und studierten gleichzeitig. Wir hungerten schrecklich. Ich weiß noch, wie wir einmal, während eines Lehrgangs für ein Vierteljahr in Leipzig, Geld zusammenlegten und in die Mitropa gingen. (...) Dort aßen wir acht Mann eine Terrine Nudeln. (...)
(Später) durfte meine Klasse (...) am Betriebsessen teilnehmen. Das war ein sehr billiges Essen und bestand manchmal nur aus gekochten Zwiebeln, aber wir existierten. (...)
Der anderen Bautzenerin, meiner Mitstudentin, schickte man eine Kiste Bücklinge. Davon schwelgten wir eine Woche. Die Bücklinge tauschten wir natürlich in Marken für Brötchen. Für fünf oder zehn Pfennige gab es in der Konditorei schon mit Sauerkraut belegte Brötchen. Lecker!
(Keller/Rook)

Umsiedler, Flüchtlinge, Heimkehrer und Häftlinge

Von den 10,5 Millionen Umsiedlern aus den polnisch/sowjetisch besetzten Gebieten, aus Teilen Rußlands, der Ukraine und der Tschechoslowakei erhielten die französische Zone ca. 60.000, die amerikanische 3 Millionen, die sowjetische 4,4 Millionen und die englische 3,3 Millionen Vertriebene.

In Sachsen mußten 1,1 Millionen Menschen in Flüchtlingslagern untergebracht werden, das waren 17,5% der Gesamtbevölkerung.

Die Situation in den Lagern war teilweise dramatisch.

Die Angst zu verhungern stieß jedes moralische Bedenken beiseite: Ausgemergelte Kinder lungerten auf den Feldern, rissen Rüben und unreifes Getreide heraus und zogen sich damit den Zorn der Landbevölkerung zu. Eine Lagerpolizei mußte aufgestellt werden, um Diebstähle und Übergriffe zu verhindern. Private Hilfsbereitschaft war selten. Die allgemeine Not führte vielmehr zu offener Feindseligkeit gegen die Flüchtlinge.

Achtung Flüchtlinge!

Die von Kriegsschäden schwer betroffene Stadt DRESDEN ist nicht in der Lage, Flüchtlinge aufzunehmen.
Die Lebensmittellage und Wohnungsnot sowie das Fehlen ausreichender Gesundheitseinrichtungen verbieten jeden Zuzug in das Stadtgebiet von DRESDEN.
Es liegt in Jhrem eigenen Jnteresse, DRESDEN nicht aufzusuchen bzw. sofort zu verlassen, da Lebensmittel bzw. Lebensmittelkarten nicht ausgegeben werden können.
Flüchtlinge, die kein bestimmtes Ziel haben, müssen versuchen, in den dünn besiedelten Gebieten von **Mecklenburg, Pommern, Mark Brandenburg** oder der **Provinz Sachsen** unterzukommen.

Der Oberbürgermeister
der Stadt Dresden
Amt für Rückreisende

GÜNSTIGE FAHRTSTRECKEN

Richtung Breslau ab Dresden-Reick 7^{30}, 11^{04}, 14^{30}, 20^{30}
" " " Pirna-Copitz 7^{30}, 16^{30}
" " " Dresden-Klotzsche 5^{00}, 13^{00}
" Chemnitz ab Dresden-Plauen 8^{00}
" Cottbus ab Coswig nach Bedarf
" Riesa mit Schiff Mo., Mi., Fr. 10^{00}
" Bad Schandau mit Schiff täglich 9^{00}, 14^{55}
" Siebenlehn (Nossen-Leipzig) 8^{55}

Ohne Gewähr

An Einzelheiten der Flucht kann ich mich kaum noch erinnern. Aber jeden Abend vor dem Einschlafen wünsche ich mir noch heute: Bloß nicht von der Flucht träumen. Aber leider erfüllt sich der Wunsch nicht oft.

(Rita Z., Chemnitz)

Wir mußten 1945 zwei Flüchtlingsfamilien, insgesamt 7 Personen, in unsere Wohnung aufnehmen, deswegen mußte ich mit meinem Bruder in einer Bodenkammer schlafen. Das habe ich nicht in negativer Erinnerung.

Aber daß die eine Familie aus Ostpreußen zwei Eimer voll Schmalz mithatte, darauf war ich damals neidisch.
(Richard Tiefenbach, Leipzig)

In der Zeit vom 22. März bis 12. April (1949) wurden auf dem Hauptbahnhof 33.698 Heimkehrer, die in 22 Transporten aus Gronenfelde (bei Frankfurt/Oder) in Leipzig eingetroffen waren, betreut und verpflegt. Sie erhielten 3/4 Liter Suppe und Kaffee, und die Mädel der Lehrwerkstätten unterhielten mit Gesang und Tanz.
(Stadtarchiv Leipzig ZGS 1945–1990, Nr. 344)

Jetzt muß ich manchmal auf der Straße stehenbleiben und tief Atem schöpfen. Das Herz will scheinbar nicht mehr so recht mitmachen. Die Nachwirkungen der Gefangenschaft und der schlechten Ernährung machen sich bei mir immer stärker bemerkbar.
Vielleicht hängen diese Angstzustände damit zusammen, daß der Winter vor der Tür steht, daß zum Hungern das Frieren hinzukommt und daß die Kinder sich in einem Zustand befinden, daß sie sich nicht mehr so um die Wirtschaft kümmern wie früher. (...) Es scheint aber mit der Ernährung zusammenzuhängen, daß die Kinder schon so apathisch sind. Maria, die sonst so auf Tischsitten achtet, leckt jetzt auch die Teller ab. Daran erkenne ich, wie hungrig sie ist.
(Auszug eines Briefes vom 27.9.1947, im Besitz von Richard Tiefenbach, Leipzig)

Die fast fünfjährige Existenz der sowjetischen Speziallager (z.B. Bautzen in Sachsen) kosteten mehrere zehntausend Menschen, die zu Recht oder unschuldig inhaftiert waren, das Leben. Als häufigste Todesursachen werden von ehemaligen Lagerinsassen, und gestützt durch die wissenschaftliche Auswertung der Quellen, die schweren Haftbedingungen, besonders die dürftigen hygienischen Verhältnisse, Unterernährung und daraus resultierende Krankheiten genannt.

In der Phase der Einrichtung der Lagersysteme von Mai 1945 bis November 1946 wurde der Zustand der Häftlinge wegen „einer unzureichenden Verpflegung" selbst von den sowjetischen Behörden sehr realistisch bezeichnet: „stark ausgeprägte Abmagerung, auf Vitaminmangel zurückzuführende Erkrankungen und akute Magenverstimmungen".

Die den Häftlingen nach der Norm für Kriegsgefangene offiziell zustehenden Rationen, z.B. täglich 600 g Brot, 90 g Nährmittel, 30 g Fleisch usw., wurden häufig gekürzt und fast nie erreicht.

Die mengenmäßig vorgegebenen Rationen verringerten sich erheblich, weil keine „Küchenabfälle" wie Kartoffelschalen, verfaultes oder erfrorenes Gemüse u.ä. abgerechnet wurden. So wurden in Extrem-Situationen alle Küchenabfälle sowie minderwertiges Gemüse mitgekocht.

Besonders dramatisch wirkte sich die von den Sowjets ohne Angabe von Gründen vorgenommene Senkung der Rationen ab November 1946 aus. „Jetzt standen jedem nichtarbeitenden Lagerinsassen täglich nur noch 300 g Brot, 400 g Kartoffeln, 15 g Zucker, 40 g Fleisch bzw. Fisch, 200 g Gemüse und 35 g Nährmittel zu."

Häftlinge, die an Tuberkulose und starker Unterernährung litten, waren besonders bedroht. Die Verlegung in ein Lazarett bedeutete oft keine Hoffnung auf Heilung, sondern ein langsames Hinsiechen bis zum Tod.

Aus dem Speziallager Sachsenhausen schilderte ein Verurteilter die Kürzungen der Verpflegung folgendermaßen:

„Wir waren dann auch bald soweit, daß wir, um aus dem Liegen zum Sitzen zu kommen, etwa eine halbe Stunde und mehr brauchten. Dabei wurde uns ständig schwarz vor den Augen. Und das mit 17 Jahren. Um von der Pritsche herunterzukommen, benötigten die Obenliegenden nochmals die gleiche Zeit. Unten angekommen, bildeten wir einen Kreis, faßten den Vordermann auf die Schultern, bewegten uns im Kreis und stampften mit den Füßen. Dadurch kam das Blut in Bewegung und uns wurde etwas wärmer. Das geschah alles instinktiv aus dem Selbsterhaltungstrieb heraus. Oft konnten wir uns diese ‚Anstrengung' nicht erlauben. Dafür reichten unsere Kräfte nicht."

(Sowjetische Speziallager Bd. 1)

Margret Bechler war von Juli 1945 bis September 1946 im Speziallager Nr. 4 in Bautzen inhaftiert. Sie berichtet:

(Die) Aufsicht führte ein eisernes Regiment. Nur ein einziges Mal gehorchten wir ihr nicht. Das war an dem Tag, als unsere Mittagssuppe aus rötlichem Wasser bestand, ohne jeden Inhalt. Wir reimten uns zusammen, daß rote Rüben darin gekocht worden waren. Eine der Neuangekommenen,

eine frische Frau mit weißem Haar, noch ungebrochen und energisch, stellte sich vor uns hin und sprach uns an. Sie sagte, wir würden bald verhungert sein, wenn wir dieses Essen akzeptierten, da müsse etwas geschehen, und sie schlüge vor, daß, wer es über sich brächte, auf die Suppe verzichten solle. Um unsere Erschöpfung zu demonstrieren, sollten wir uns in der Mittagspause, entgegen dem Verbot, hinlegen, das würde die Aufmerksamkeit des Sergeanten auf uns lenken. Sie wolle ihm dann den Inhalt ihrer Suppenschüssel zeigen und darauf hinweisen, daß der allgemeine Erschöpfungszustand die Liegepause notwendig mache. Entweder würde das Essen dann besser oder es bliebe beim Alten, schlimmer könne es ja auf keinen Fall werden, allenfalls würde man sie für ein paar Tage in den Bunker bringen, und das wolle sie auf sich nehmen.
Nicht alle Frauen konnten der Wassersuppe widerstehen, wir waren zu ausgehungert, aber fast alle legten sich hin. Der Sergeant kümmerte sich zunächst nicht um uns, er kannte ja unsere unerbittliche Aufseherin. Nun freuten wir uns heimlich, als sie angesichts unseres Ungehorsams an die Tür ging und ihm ein Zeichen gab. Er erschien sofort, und es lief wie geplant; die Weißhaarige zeigte ihm ihre Suppe, während wir stumm auf unseren Brettern lagen.
Er sah sich um und schüttelte mißbilligend den Kopf, dann ging er; zwei Männer erschienen und trugen die Suppe hinaus, niemand störte unseren Liegestreik. Gegen Abend aber kam neues Essen, so gut wie lange nicht,

natürlich verschlechterte es sich bald wieder, aber nie mehr wurde es so ungenießbar wie an diesem einen Tag.
(Margret Bechler)

Nach Auflösung der sowjetischen Speziallager war Margret Bechler von 1950 bis 1954 im Zuchthaus Waldheim. Hier erhielt sie erstmals Pakete von Verwandten.
Nachmittags wurde ich aufgefordert, mit meiner Blechschüssel zum Paketempfang zu kommen. (...) Ein Raum im Erdgeschoß war eigens für die Übergabe eingerichtet worden. Er sah aus wie ein Laden, mit hohen Regalen, in denen die Pakete lagen, und einem langen Holztisch, Verpackungsmaterial häufte sich in einer Ecke. Neben dem Tisch stand ein großer Karton, da hinein kam alles, was beschlagnahmt wurde. Es gab ja längst genaue Vorschriften. Für Zucker, Fett, Wurst, Gebäck und Obst war als Höchstgrenze ein Pfund festgesetzt. War die Sechspfundgrenze überschritten, dann ging das ganze Paket zurück. Traubenzucker war verboten, ebenso Trockenobst und alles mit Schokolade Überzogene. (...)
Ich mußte zusehen, wie Wurst, Käse und Zucker in meine Blechschüssel geschnitzelt wurden. Immer diese krampfhafte Suche nach Verbotenem! Ich ertrug es, in meiner Zelle würde ich Zeit haben, alles wieder zu trennen. Aber als sie mir über der vollen Schüssel eine Apfelsine zerschnitten, da schrie ich vor Entsetzen auf. Der Wachtmeister schnitt weiter und sagte boshaft, jetzt erlebte ich am eigenen

Leibe, wie es früher in den KZs zugegangen sei, da habe man es mit seinen Paketen auch so gemacht. Demonstrativ zerschnitt er die letzte Zitrone in dünne Scheiben, kippte sie mit Schwung über die Wurst und Keksbrocken und entließ mich mit der bösen Bemerkung, nun könne ich in Ruhe sortieren.

(Margret Bechler)

Frau Hempel (bekam heute) ein Paket. Uns wurde klar, daß auch die draußen hungerten, es enthielt nämlich nur gekochte Kartoffeln, Pellkartoffeln. Jede von uns bekam eine zum Probieren, was für ein Geschenk. Wir hielten sie in der Hand, diese kalte Pellkartoffel, dann zogen wir sie ab und aßen sie, Bissen für Bissen.

(Margret Bechler)

Bis auf weiteres
Salz
frei für alle!

Rezepte – Kochen ohne alles

Die alten Kochbücher taugten nach dem Krieg nicht mehr, und für die Lieblingsgerichte fehlten Fett, Eier und Fleisch. An Wildgemüse als Spinat und falsches Schmalz mußten sich die Hausfrauen zwangsläufig gewöhnen. Bereits im Sommer 1945 bemühten sich Ernährungsämter, Kleinverlage und Zeitschriften, mit Hinweisen, Rezepten und guten Ratschlägen die fatale Ernährungssituation in den Griff zu bekommen.

Das Heft „Zeitgemäße Sparrezepte für die Hausfrau" (siehe Faksimiles in der Mitte des Buches) bot gleich im Winter 1945 Hilfe an und war weit verbreitet.

Sehr beliebt war das in Erfurt 1948 erschienene Kochbuch „Schmalhans kocht trotzdem gut", dem nach zwei Jahren und leicht verbesserter Ernährungslage „Schmalhans ade" mit dem Untertitel „Ein Kochbuch für bessere Tage" folgte. In der DDR wurde noch viele Jahre danach gekocht und gebacken, und auch heute benutzen sparsame und ernährungsbewußte Hausfrauen gelegentlich diese Rezepte.

Es fehlte auch nicht an Mahnungen, auch in Notzeiten eine gewisse Form der Eßkultur zu pflegen.

Liebe Hausfrauen! Sparen heißt noch lange nicht kulturlos kochen, irgend etwas zusammenzupanschen, das geschmacklos für Auge und Gaumen ist. Nein! Kultiviert wollen wir immer sein und bleiben.

(Boruttan)

Mehlsuppe

→ Die zur Verteilung kommenden Suppenmehle (Erbsmehl, Grünkern, Mais usw.) werden mit etwas feingeschnittenem Grünzeug und Zwiebel vermischt, mit Wasser kalt angerührt und mit genügend Brühe aufgekocht, bis es dickt. Etwas Milchpulver und ein bißchen Fett, auch ein kleines Stückchen Knoblauch verfeinern die Suppe. Am Schluß ein paar Brotwürfel mit wenig Fett rösten und darüberstreuen.

Suppe mit Klößchen

→ Etwas Maismehl und Grieß mischen, mit Milch- und Eipulver anrühren, salzen und mit gerade soviel Flüssigkeit mischen, wie der Teig braucht, um fest zu werden. Einige Minuten stehenlassen. Wasser mit etwas Gemüseresten aufkochen lassen, mit einem Kaffeelöffel vom Teig kleine Klößchen abstechen und in der Suppe ziehen lassen. Mit gehackter Petersilie oder Schnittlauch servieren.

Spirituosen für Gr. 4
sind aufgerufen, bitte um
Vorauszahlung von RM 55,–
Robofortan = Röhre 2,15 RM;
die mit Traubenzucker
gesüssten nervenstärkenden
Lecithin-Tabletten!

Roggenbrot mit Hefe

1250 g Roggenmehl
30–40 g Hefe
Salz
Wasser

- **Das angewärmte Mehl wird in eine Schüssel geschüttet. In die Mitte wird eine Vertiefung gemacht, in die man einen Teelöffel Salz und die im lauwarmen Wasser aufgelöste Hefe gibt. Alles mit lauwarmem Wasser zu einem geschmeidigen, nicht zu dünnen Teig verarbeiten. Das Ganze bis zur doppelten Menge aufgehen lassen, nochmals durchkneten und wieder eine Stunde an einem warmen Ort ruhen lassen. Zu einem Brot formen und in einem vorgewärmten Ofen backen. Der Teig kann auch mit geriebenen Kartoffeln versetzt werden.**

„Brennd'l" (Sächsische Spezialität)

- **Brotwürfel ganz trocken oder mit wenig Fett in der Pfanne rösten. Ein Ei mit einer Prise Salz, einem Eßlöffel Milch oder Wasser, einem Teelöffel Mehl und einer Prise Salz mit einer Gabel schaumig schlagen, über die Brotwürfel geben und alles zum Stocken bringen.**
- **Schmeckt heute noch!**

Brot

Brot war neben Kartoffeln der wichtigste Bestandteil der täglichen Nahrung, jedoch konnte die für lebensnotwendig erachtete Menge von 300 Gramm pro Tag und Person nie erreicht werden. Brot war stets knapp. Um mit der vorhandenen Menge auszukommen, haben die Mütter in besonders kritischen Wochen die tägliche Ration auf dem Rücken des Brotlaibes eingekerbt. Wurde das Maß überschritten, herrschte in den nächsten Tagen bitterer Hunger. Um die kargen Rationen gerecht auf alle Familienmitglieder zu verteilen, wurden die Brotscheiben abgewogen. In manchen Familien mußte dazu eine über den Krieg gerettete Briefwaage herhalten.

Auf die an die Kinder gerichtete Frage: „Welchen Beruf wollt ihr später einmal ausüben?" kam in der Regel zuerst „Bäcker", dann Lokomotivführer oder Straßenbahnschaffner.

Wir lasen Ähren, die wurden ausgeklopft und die Körner in der Kaffeemühle gemahlen. Ganz grobkörniges Brot buken wir daraus, aber ich habe meine Großmutter – ich wohnte damals bei ihr – genervt: noch eine Schnitte und noch eine Schnitte. Ich konnte nicht anders, ich war jung und ausgehungert. (Aber) dieses grobe Schrotbrot war eine Köstlichkeit, wie ich sie nie wieder gegessen habe.

(Ahbe/Hofmann)

„Brennd'l" sind auch bei meinen Enkeln heute noch sehr beliebt. Heute natürlich mit mindestens zwei schaumig gerührten Eiern.

(Charlotte Müller, Liebertwolkwitz)

Brot war immer knapp. Die Anzahl der Schnitten wurde oft mit Hilfe eines Lineals bestimmt, um mit der Markenzuteilung auszukommen.

(Dr. Dieter Panier, Ilmenau)

Die Rationierung meines Brotes fand ich schrecklich. Ich sagte meiner Mutter, sie solle mir mein Brot auf einmal geben. Ich wollte einmal richtig satt sein und dann ein paar Stunden hungern. Aber früh eine Schnitte und mittags eine Schnitte – das hielt ich nicht aus. Einmal aß ich mich richtig satt, aß mein ganzes Pfund Brot auf einmal.

(Ahbe/Hofmann)

Bei uns zu Hause wurde das Brot eingeteilt. Meine Mutti sagte mir abends, wenn ich nicht einschlafen konnte: „Du kriegst heute Abend dein Ränftl (d.i. sächsischer Ausdruck für Anfang und Ende des Brotes) unters Kopfkissen." Daran habe ich noch herumgebissen. Einmal war das Ränftl schon aufgegessen, und ich war so hungrig. Meine Mutti ging deshalb noch am Abend (...) los. Sie sagte: „Jetzt kaufe ich dir auf dem Schwarzen Markt ein neues Ränftl." Ich glaube, es kostete 150 Mark.

(Ahbe/Hofmann)

Wir hungerten wirklich schwer. Das Brot hatte einen großen Wassergehalt, im Winter legten wir die Scheiben auf den Ofen und rösteten sie. Immer kam dabei eine Dampfwolke heraus. Die Scheibe war hinterher allemal etwas dünner.

(Ahbe/Hofmann)

Schrotbrot

500 g Weizenschrot
125 g Weizenmehl
35 g Hefe
1/8 l warmes Wasser
1/2 l heißes Wasser

→ **Aus der in dem warmen Wasser aufgelösten Hefe und dem Mehl knetet man ein Hefestück und läßt es aufgehen. Das Weizenschrot wird mit dem Salz vermischt, mit dem heißen Wasser verrührt und, wenn es abgekühlt ist, mit dem aufgegangenen Hefestück verknetet. Man formt ein Brot, das auf einem Brett noch etwa 1 1/2 Stunden aufgehen muß und das, mit Wasser bepinselt, etwa eine dreiviertel Stunde im gut heißen Ofen zu backen ist.**

Leipziger Volkszeitung, 14. Februar 1947 (Leserbrief)

Ich komme 1/2 17 Uhr aus dem Geschäft, kann mir aber nichts mehr einkaufen, denn die Geschäfte sind wegen Stromsperre geschlossen. Nicht einmal Brot kann man sich kaufen. Zu Hause angekommen, ist man nicht in der Lage, sich Kartoffeln zu kochen, weil Gas und Strom fehlen.

Zwieback

500 g Mehl
50 g Hefe
1/2 l Molke, Milch oder Wasser
25 g Fett
etwas Salz
50–80 g Zucker

➔ **Das Mehl wird in eine Schüssel gesiebt, warm gestellt und mit der aufgelösten Hefe zu einem Vorteig verarbeitet. Wenn das Hefestück gut aufgegangen ist, werden alle Zutaten miteinander verarbeitet. Der Teig muß dreimal aufgehen und wird immer wieder durchgeknetet, dadurch wird die Feinporigkeit des Gebäcks erreicht.**
Den Teig in eine Kastenform geben und backen. Am nächsten Tag in Scheiben schneiden, diese auf ein Blech legen und im Ofen von beiden Seiten mehr rösten als backen.

Schrotkugeln

100 g geriebene Brotreste
75 g geröstetes Schrot
40 g Zucker
2 EL Marmelade
Bittermandel-Aroma

➔ **Alle Zutaten mischen und Kugeln formen.**

Kartoffelbrot

150 g Weizenmehl
150 g Maismehl
150 g gekochte und geriebene Kartoffeln
20 g Zucker
etwas Salz
20 g Hefe
1 Tasse Milch oder Molke

➔ **Das Maismehl mit etwas heißem Wasser überbrühen und stehenlassen. Die Hefe mit Zucker und Milch zu einem Brei verrühren und gehen lassen. Mehl, Maismehl und die Kartoffeln mit Salz vermengen, Hefe dazugeben und zu einem festen Teig verkneten. Noch eine Stunde gehen lassen, zu einem Brot formen und auf ein Backblech legen. Bei mittlerer Hitze im Ofen braun backen. Das Brot langsam auskühlen lassen.**

Ich erinnere mich noch an eine Köstlichkeit: Brotscheiben wurden geröstet, mit Malzkaffee beträufelt, dann mit Zucker bestreut.

(Renate Brix, Leipzig)

Brotklopse

➔ **Vier dicke Scheiben Mischbrot einweichen. Eine Handvoll Pellkartoffeln kochen, schälen und reiben. Brot und Kartoffeln mit Salz mischen, evtl. Kümmel zugeben und alles durchkneten. Die Masse zu einer Wurst formen und, in Scheiben geschnitten, in Öl braten. Aus Wasser, Essig, Zucker und Bratfett eine Tunke bereiten, aufkochen und über die ausgekühlten Klopse gießen. Einen Tag durchziehen lassen.**

Brotaufstrich
mit Knackwurst-
geschmack.
500g DM 1.40

Brotaufstrich

Phantasie und Organisationstalent waren gefragt, wenn Wurst und Käse als Brotaufstrich fehlten. Es mangelte nicht an guten Ratschlägen, die sich in Zeitschriften und Rezeptheften fanden.

Ganz schlimm war die braune Masse, die unter der im Volksmund saloppen Bezeichnung „Stalinquark" am Ende des Ersten Nachkriegsjahres in den Fleischerläden angeboten wurde. So richtig haben wir nie herausbekommen, woraus das Zeug bestand. Es schmeckte ein wenig säuerlich und sehr widerlich, aber man konnte es essen.

(Hannelore Kuhn, Dresden)

Mein Vater war früher Handelsvertreter gewesen. Er nahm sofort die Verbindungen zu seinen alten Freunden auf. Mein Vater kannte einen Chemiker, der in einer Baracke in der Zwickauer Straße wohnte. Dieser Chemiker sagte zu mir, ich solle ihm Graupen bringen, daraus wolle er mir Mettwurst machen. Er rührte das Mettwurstaroma mit dem Mixer unter die Graupen, und bald konnte ich in einem Glas die Mettwurst abholen. Das war ein wunderbarer Brotaufstrich.

(Ahbe/Hofmann)

Bei uns nannte man das falsche Schmalz auch Flohfett, Affenfett oder Stalinbutter.

(Christa Wäscher, Bad Düben)

Brotaufstriche

Falsches Schmalz

✈ **Aus Wasser, Salz und Grieß einen dicken Brei kochen. Viel kleingeschnittene Zwiebel in etwas Fett glasig dünsten und unter den erkalteten Grießbrei rühren. Je nach Jahreszeit mit Petersilie, Schnittlauch oder Dill würzen.**

Brotaufstrich aus Fruchtsaft

1/2 l Fruchtsaft aus Holunderbeeren, Kirschen, Johannisbeeren oder Himbeeren
Zucker nach Geschmack
60 g Mehl
40 g Kartoffelmehl

✈ **Kartoffelmehl und Mehl werden mit dem kalten Fruchtsaft zu einem glatten Brei mit dem Schneebesen geschlagen, das Ganze unter beständigem Schlagen zu einem dicken Brei (ca. zehn Minuten) gekocht. Erkaltet gibt dies einen wohlschmeckenden Brotaufstrich.**

Fleischaufstrich

✈ **Wer bereit ist, für einen Brotaufstrich einen Teil der Fleischzuteilung zu opfern, kann aus kleinsten Mengen Fleisch oder Wurst einen gut schmeckenden Aufstrich herstellen, der sich auch einige Tage hält. Fleisch oder Wurst zweimal durch den Fleischwolf drehen, mit einer dicken Mehltunke mischen und mit Salz, Kräutern und Thymian kräftig abschmecken.**

Pikanter Aufstrich

✈ **Aus 20 Gramm Fett, 30 Gramm Mehl und 1/8 Liter Milch eine dicke Tunke herstellen, erkalten lassen und mit einem Eßlöffel Öl, etwas Senf, Zucker und Essig abschmecken, mit feingehackten Fleischresten, kleingeschnittenem gekochten Sellerie oder Gurke vermischen.**

Möhrenaufstrich

✈ **Gewaschene, sehr klein geriebene Möhren werden mit geriebenem Brot, gewiegten Kräutern, Meerrettich, Salz, Essig und etwas Zucker angemacht. Falsche Mayonnaise oder einige Tropfen Öl verbessern den Aufstrich.**

✈ **Schmeckt heute noch!**

Falscher Lachs

✈ **Möhren und etwas Zwiebel feinreiben und mit Salz und Pfeffer abschmecken.**

Marmeladen-Ersatz

1 1/2 Tassen Wasser
1/2 Tasse Zucker
1 EL Mehl
2 EL Essig
2 EL Kaffee-Ersatz
einige Körnchen Salz

✈ **Alle Zutaten gut verrühren und aufkochen. Einige Tropfen Himbeer- oder Erdbeer-Aroma verbessern den Geschmack.**

Es gab auch künstlichen Brotaufstrich auf Hefebasis, z.B. „Agga" – Hefepaste mit Aal- oder Rauchfleischgeschmack.

(Rosemarie Starke, Leipzig)

Bienenhonig gab es nur als „Medizin" für Kinder, die an Bronchitis oder Keuchhusten litten.

Bierhonig

1 Tasse Bier
1 Tasse Zucker
1/2 Tasse Mehl
1 Prise Salz

→ **Alle Zutaten verrühren und zwei Minuten kochen lassen. Während des Erkaltens öfter umrühren.**

Buttermilchhonig

1/2 l Buttermilch
200 g Zucker

→ **Buttermilch mit Zucker vermengen und unter Rühren kochen, bis die Masse streichfähig ist. Anstelle von Buttermilch kann auch Molke verwendet werden. Mit Zimt- oder Vanillearoma verfeinert ergibt die Masse einen wohlschmeckenden Belag für Rührkuchen.**

Leberwurst

50g Hefe in 1 Tasse Milch mit Margar. verrühren, 1 Scheibe Speck, 1 gr. Zwiebel

Alles gläsern dünsten, danach gibt man an die Milch mit der Hefe 2 Essl. geriebene Semmel 1 Essl. Majoran, Salz u. Pfeffer dazu. Dann alles durchkochen lassen u. zuletzt 50g Leberwurst zugeben.

Frischer Wind Nr. 32, 1947

So'n Leichtsinn

"ich habe jedes Vertrauen in den Menschen verloren."
"und dann essen Sie immer noch diesen markenfreien Brotaufstrich?"

Sächsische Volkszeitung, 3. März 1946

Leuna hilft die Ernährung sichern

Die Leitung des Leuna-Werkes hat in Zusammenarbeit mit dem Betriebsrat für die Leuna-Belegschaft eine zusätzliche Ernährungsquelle erschlossen. Nach 3 1/2 monatiger Versuchsarbeit im Labor und nach praktischer Erprobung in der Werkküche hat jetzt die Herstellung eines neuen Nahrungsmittels zunächst für die 23.000 Belegschaftsmitglieder der Leuna-Werke begonnen. Aus der seit längerem bekannten Nährhefe, wie sie besonders von den Chemischen Werken in Wolfen schon länger produziert wurde, hat Leuna unter Zusatz einiger anderer Stoffe einen Brotaufstrich entwickelt, der geschmacklich guter Leberwurst nicht nachsteht und in seinem Eiweißgehalt diese noch weit übertrifft. Ab März werden 10.000 kg Nährhefe zu dieser Wurst verarbeitet.

Nach dem Kriege arbeitete mein Vater als Fuhrunternehmer. Die Straßen waren schlecht, Ersatzteile für Autos fehlten, und manchmal mußten wir tagelang warten, bis der Vater kam. Dann war der Jubel groß, denn er brachte immer etwas zu essen mit. Sehr häufig waren es Bohnen oder Erbsen, die zwar satt machten, aber wenn sie jeden Abend gegessen werden mußten, war das doch eine Qual. Ich esse heute auch keine Hülsenfrüchte, vielleicht eine unterschwellige Abneigung aus der schlechten Zeit.

(Dr. Erika K., Berlin)

Linsensuppe, pikant

200 g Linsen
2 l Wasser
300 g Kartoffelstückchen
Salz, Petersilie oder Majoran
Fleischknochen oder Speckschwarten
Essig
3 EL feingeschnittenes Sauerkraut

→ **Linsen waschen, verlesen und einweichen (24 Stunden). Mit den Knochen oder Schwarten im Einweichwasser aufsetzen und langsam weichkochen. Die Kartoffelstückchen dazugeben, kräftig abschmecken und gar kochen. Die Suppe durch ein Sieb rühren. In jeden Teller etwas Sauerkraut geben und darüber die Suppe verteilen. Wer es pikanter mag, gibt noch einige Spritzer Essig dazu.**

→ **Schmeckt heute noch!**

Frikadellen aus Bohnen

200 g dicke Bohnen
1 Ei
80 g Haferflocken
Wurzelwerk
etwas Tomatenmark
Salz, Pfeffer
Thymian oder Petersilie
Bratfett

→ **Die Bohnen über Nacht einweichen und mit Wurzelwerk (Möhren, Porree, Sellerie) weichkochen. Die Haferflocken etwas quellen lassen und mit den Gewürzen, dem Ei und den Bohnen zu einem festen Teig verarbeiten. Den Teig ca. zwei Stunden ruhen lassen und, dann in etwas Bratfett zu Frikadellen braten.**

→ **Schmeckt heute noch!**

Klassenkameraden von mir waren bei einer Plünderung der Silos in Leutzsch dabei, das muß 1947 gewesen sein. Das endete allerdings verhängnisvoll, weil die Leute dachten, sie hätten Mehl erbeutet. Es muß aber eine Art Gips (...) gewesen sein. Jedenfalls gab es in meiner Klasse, aber auch in der ganzen Umgebung, schwere Erkrankungen, weil die Leute das als Mehl aßen.

(Ahbe/Hofmann)

Leipziger Volkszeitung, 28. März1946

Weizenmehl statt Marmelade

Die Zuteilung von 250 g Weizenmehl (normal) erfolgt an Stelle von 530 g Marmelade.
Im Stadtgebiet wird das Weizenmehl auf die aufgerufenen 3 Marmeladen-Abschnitte über 530 g ausgegeben, während im Landkreis die Ausgabe des Mehls gegen die 330 g Marmeladen-Abschnitte erfolgt.

Eicheln

Bereits in den Hungerjahren nach dem Ersten Weltkrieg erinnerte man sich an die Verwendung von Eicheln zur menschlichen Ernährung. Schon im Herbst 1945 wurden die Bewohner der Großstädte, besonders Schulkinder, aufgefordert, Eicheln zu sammeln und nach entsprechender Vorbereitung als Mehlersatz zu verwenden.

Das Verfahren war jedoch äußerst umständlich und zeitraubend. Bei trockenem sonnigen Herbstwetter mußten die runden, dicken und einwandfreien Eicheln gesammelt und in trockenen Räumen oder Böden gut durchgetrocknet werden.

Auf großen eisernen Pfannen ließen sich die Eicheln dann so lange rösten, bis die äußere harte Schale platzte und sich die innere dünne braune Haut abziehen ließ.

Wurden die Eicheln in diesem Zustand gemahlen und als Mehl verbraucht, gab es unangenehme Nebenwirkungen. Die Gerbsäure der Eicheln färbte die Zähne dunkel und führte zu Verstopfungen.

Eichelkaffee

- **Eicheln nach Grundrezept vorbereiten, dann in einer Kaffeemühle mahlen und mit heißem Wasser übergießen. Fünf Minuten ziehen lassen und durch ein Sieb geben. Mit etwas Zucker oder Süßstoff servieren.**

Eichelnougat

1 Tasse Malzkaffee
3 EL Grieß
1 Tasse grob gehackte Eichelstückchen
3 EL Zucker
einige Tropfen Bittermandelaroma

➔ **Kaffee aufkochen, Grieß einstreuen und so lange kochen und rühren, bis sich die Masse vom Topfboden löst. Eichelstücke, Zucker, Gewürz und, falls vorhanden, etwas Fett darunterrühren, Kugeln formen und trocknen lassen.**

Eichel-Knäckebrot

250 g Schalen von Pellkartoffeln
125 g Eichelmehl
2 TL Haferflocken
1 TL Selleriesalz
1 TL gemahlener Kümmel

➔ **Die Kartoffelschalen werden durch den Fleischwolf gedreht. Mit Eichelmehl, Haferflocken und den Gewürzen zu einem Teig verkneten. Auf bemehltem Brett dünn ausrollen. In Stücke schneiden. Auf ein leicht gefettetes Backblech legen. 10 bis 15 Minuten knusprig backen.**

Deshalb mußten die Eicheln einer Prozedur der Entbitterung unterzogen werden: stundenlanges Wässern, bis sich ein weißer Schimmer bildete, der sich dann abwaschen ließ. Danach mußten die Eicheln langsam trocknen und konnten dann in einer Mühle zu Mehl verarbeitet werden.

Allerdings war das Eichelmehl „nährwertmäßig gering", wie das Institut für Ernährung und Verpflegungswissenschaft in Berlin im Oktober 1946 auf Anfrage mitteilte.

Kastanienmehl konnte nur industriell in einem aufwendigen Verfahren hergestellt werden, in Zeiten äußerst knapper Getreideernte mußte es der Not gehorchend dem Brotmehl zugesetzt werden.

Leipziger Volkszeitung,
7. Januar 1949 (Anzeige)

Eicheln,
gesund und gut vorgetrocknet
In jeder Menge bis 30 t
zu kaufen gesucht,
Leo-Werke GmbH. Dresden N 6

Grießklöße

1 l Milch
60 g Fett
300 g Grieß
1–2 Eier
Salz
Zucker nach Geschmack
Mandel- oder Zitronenaroma

➔ Grieß in Milch anrühren, in das zerlassene Fett gießen und zu einem festen Teig abrühren. Nach kurzem Auskühlen Eier und Gewürze darunterrühren, kleine Klöße mit zwei nassen Löffeln abstechen und etwa fünf Minuten in Salzwasser gar ziehen lassen.

Kartoffelklöße aus gekochten Kartoffeln

1 kg gekochte, geriebene Kartoffeln
150 g Mehl oder Grieß
1 TL Salz
1 Semmel

➔ Die Semmel in Würfel schneiden und in der Pfanne rösten. Aus den übrigen Zutaten einen Teig herstellen, zu einer Rolle formen, Scheiben abschneiden, einen Semmelwürfel eindrücken und runde Klöße formen. In Salzwasser 20 Minuten ziehen lassen.

Kartoffelklöße aus rohen Kartoffeln

2 kg große Kartoffeln
1 Eßlöffel Salz

➔ Ein Drittel der Kartoffeln zu Kartoffelbrei verkochen. Zwei Drittel der Kartoffeln im Wasser reiben (sobald das Wasser braun wird, erneuern, da die Klöße sonst eine bräun-liche Farbe bekommen). Die geriebenen Kartoffeln fest auspressen, mit Salz bestreuen, schnell auseinanderzupfen, sofort mit dem dickflüssigen, kochenden Kartoffelbrei übergießen, mit einem Holzlöffel durchrühren, mit nassen Händen Klöße formen, sofort ins kochende Wasser legen und 30 Minuten ziehen lassen.

Haferflockenklößchen

➔ Je einen Eßlöffel gehackte Petersilie und Zwiebeln leicht in „Sonja"-Pflanzenmargarine schwitzen und abkühlen lassen. Ein Ei mit Salz und Muskat schaumig rühren. Petersilie, Ei und vier Eßlöffel zarte Haferflocken mischen, dann etwas stehenlassen. Mit dem Teelöffel aus der Masse geformte Klößchen in langsam kochende Brühe oder klare Suppe legen. Beim Aufsteigen sind die Klößchen gar.

Hefeklöße mit Marmeladensoße

Für die Klöße:
500 g Mehl
20 g Hefe
etwas Salz
1/2 l Milch oder Wasser

Für die Soße:
150 g Marmelade
2 EL Wasser
2 EL Mehl
etwas Salz

➔ Einen lockeren Hefeteig herstellen und den Teig gut aufgehen lassen. Klöße formen und ca. zehn Minuten im kochenden Salzwasser ziehen lassen. Marmelade etwas verdünnen, mit dem Mehl andicken und heiß über die Klöße geben.

Mokka-Plinsen

1 Teelöffel Kaffeesatz (sächs. Bliemchencaffee)
einige Eßlöffel Roggen- oder Weizenmehl
etwas Salz
etwas Backpulver
35 g Zucker

➔ **Den Kaffee gießt man mit einer Tasse heißem Wasser auf und läßt ihn erkalten. Die übrigen Zutaten – mit Ausnahme des Zuckers – mit dem Kaffee zu einem dicken Teig verrühren. Eine kleine Pfanne stark erhitzen, mit etwas Zucker ausstreuen und die Plinsen darin backen. Mit einem Topfdeckel umwenden und nochmals etwas Zucker auf die Pfanne streuen.**

Quarkkeulchen

1 kg Kartoffeln
500 g Quark
200 g Mehl
1 Ei
3 EL Zucker
1 TL Salz
etwas Backpulver
Fett zum Backen
Zucker zum Bestreuen

➔ **Kartoffeln in der Schale kochen, schälen, reiben und mit den anderen Zutaten zu einem Teig vermengen, flache Keulchen formen, sofort im Tiegel in dampfendem Fett auf beiden Seiten backen, mit Zucker bestreuen.**

Nach dem Krieg bereitete meine Mutter aus Kartoffeln, etwas Mehl und Süßstoff einen Teig, der, zu kleinen Fladen geformt, auf der heißen Herdplatte gebacken wurde. Wir nannten diese Speise „Quarkkeulchen ohne alles".

(Herta Z., Dresden)

Holunderkreppel

250 g Mehl
1/2 l Milch
1 Ei
Salz
Backfett
8 Holunderblüten

➔ **Einen dicken Eierkuchenteig herstellen. Holunderblüten abspülen, abtropfen lassen, den Stengel mit der Blüte nach unten in den Teig tauchen und in siedendem Fett ausbacken lassen. Mit Zucker bestreut auf den Tisch bringen.**

Buttermilchplinsen

➔ **1/2 Liter Buttermilch wird mit einem Ei (oder Eiaustauschmittel) und etwas Salz verquirlt. Nach und nach 250 Gramm Mehl darunterrühren, so daß ein glatter, ziemlich dickflüssiger Teig entsteht. In der Stielpfanne backt man unter Zugabe von etwas Schmalz die Plinsen goldbraun, schichtet sie auf eine vorgewärmte Platte, bestreut sie mit Zimtzucker und schneidet sie bei Tisch wie eine Torte auf. Oder man bestreicht die Plinsen mit verdünnter Marmelade und rollt sie auf.**

Kartoffeln

Kartoffeln, auch „Erpern oder Äbern" genannt, bildeten den Hauptbestandteil der Nachkriegsernährung. Zur optimalen Versorgung pro Kopf waren zwei bis drei Zentner für den Wintervorrat nötig. Diese Menge wurde jedoch im Winter 1947/48 nicht erreicht. Vielfach gab es Ersatzmittel wie Marmelade oder Kartoffelflocken. Sehr dramatisch war die Situation im Winter 1946/47, die Knollen erfroren auf den Transporten und gelangten fast ungenießbar an die Verbraucher.

Einmal wurde ein Waggon erfrorener Kartoffeln an die Bevölkerung verteilt. Manche brannten Schnaps daraus, aber mein Vater schaffte es, Kartoffelkuchen daraus zu zaubern. Wir Kinder haben uns gefreut, es schmeckte und machte satt.

(Klaus J. Hofmann, Radeberg)

Was gab es für Delikatessen damals! Zum Beispiel abgekochte Kartoffeln. Meine Mutter kochte Kartoffeln ab, um abends Bratkartoffeln zu machen. Ich schlich mich, obgleich ich dabei ein sehr schlechtes Gewissen hatte, heimlich in die Speisekammer und mopste mir immer mal eine geschälte Pellkartoffel. Das war so, als essen wir heute eine Praline. Eine kleine abgekochte Kartoffel war ein Gedicht.

(Ahbe/Hofmann)

Die Kartoffel im Herbst

Kartoffeltetscher (Sächsische Spezialität)

→ Unter geriebene gekochte Kartoffelreste mischt man je nach Zuteilung: Wurst- oder Fleischreste, Quark- oder Käsestückchen, Zucker, getrocknete oder frische (nicht allzu saftige) Früchte, auch feingeschnittene Apfelschalen, geriebene Möhren oder Sellerie u.ä.
Alles gut verkneten, zu Fladen formen und auf einem Blech in der Ofenröhre oder auf der heißen Herdplatte backen (ähnlich wie Quarkkeulchen).

Es ist angerichtet

Stoppelfuchs

1 1/2 kg Kartoffeln
1/2 Tasse Milch
ausgesteinte Pflaumen oder Kompott
3–4 durchgeschnittene Pflaumenkerne
Zucker

➔ **Die rohen Kartoffeln reiben und mit der Milch vermischen. Die Masse etwa drei cm hoch in eine ausgefettete Bratpfanne füllen, darauf ausgesteinte Pflaumen sowie die zerschnittenen Pflaumenkerne legen und zugedeckt 20–30 Minuten backen lassen. Statt Pflaumen kann man auch irgendein Kompott nehmen oder etwas Saft darübergießen. Nach dem Backen mit Zucker bestreuen.**

➔ **Schmeckt heute noch!**

Kartoffelschalen-Plätzchen

2 Tassen getrocknete, gemahlene Kartoffelschalen
1 Tasse Malzkaffeesatz
1 Tasse Mehl
1 Tasse Zucker
Pfefferkuchengewürz oder -aroma
1 Messerspitze Natron

➔ **Alles mit etwas Wasser oder Milch vermengen, kleine Plätzchen formen und auf einem Blech backen.**

Es sollte dafür Sorge getragen werden, daß in der Zeit vor und während der (Leipziger) Messe die Lebensmittelversorgung besonders gut klappt. Die sowjetische Seite erklärte sich bereit einzugreifen, wenn die Anlieferungen von Lebensmitteln, insbesondere hinsichtlich der Kartoffeln, nicht klappte.

(Hartmut Zwahr)

Mittwoch, 9. Juli

Morgen verfallen von uns etwa 28 ℔ Kartoffelmarken. Ich habe mich letzte Woche dreimal drei Stunden bei Köster nach Gemüse umsonst angestellt. Heute ist um 7 Uhr Tante Hanni raufgegangen, ab $\frac{1}{2}12^{h}$ bis $\frac{1}{2}2^{h}$ habe ich wieder gestanden und wiederum vergeblich!

Zeitgemäße

Spar-Rezepte

für den Winter 1945/46

30 Pfg. Als Manuskript gedruckt **30 Pfg.**

Abwechslungsreiche Kost

trotz zeitbedingter Nahrungsmittelknappheit!

Das ist eine der Hauptforderungen an die Hausfrau von heute. Nicht nur sparsam zu wirtschaften heißt es, nicht nur ständig zu versuchen, die vorhandenen knappen Lebensmittel bis zum letzten auszuwerten, sondern auch alles daranzusetzen, daß nach wie vor eine möglichst abwechslungsreiche Kost geboten wird. Denn **die angespannte Ernährungslage führt leicht zur Eintönigkeit des Küchenzettels, und Eintönigkeit in der Küche macht eine ohnehin einfache Kost nur noch dürftiger.** Das aber darf nicht sein! Jede Hausfrau muß heute ihren ganzen Ehrgeiz daransetzen, dieser Gefahr durch die Erprobung und Anwendung immer neuer Rezepte zu begegnen und **durch eine vielseitige Gestaltung der Mahlzeiten die Einfachheit des Essens weniger spüren zu lassen.**

An der Erreichung dieses Zieles will auch **der vorliegende kleine Ratgeber** zu seinem bescheidenen Teil mithelfen. Er **bringt aus der Fülle der Spar-Rezepte,** die in den vergangenen Monaten mit Erfolg ausprobiert worden sind, **eine Auswahl speziell solcher Rezepte, die sich im wesentlichen auf die Verwendung von Kartoffeln und Brot als unseren gegenwärtigen Hauptnahrungsmitteln stützen und deshalb im allgemeinen von allen Hausfrauen angewandt werden können.** Spar-Rezepte, bei denen mindestens in größerem Umfang Gemüse erforderlich ist, wurden in dieser für den Winter bestimmten Ausgabe bewußt außer acht gelassen.

Notlösung, aber sie hilft sparen und erlaubt uns gebratene Kartoffeln, auf die wir sonst vielleicht verzichten müßten.

e) Geringfügige Kartoffelreste als Suppendickungsmittel: Mit winzigen Resten von gekochten Kartoffeln wußte man früher und weiß man vielfach auch heute noch nichts anzufangen. Sie können solche Reste jedoch bei der Herstellung von Suppen aus Suppenpulvern und sonstigen käuflichen Suppenmitteln gut verwenden. Die Kartoffelreste werden durchgedreht und in der Suppe mit aufgekocht. Dadurch wird die Suppe dicker, sättigender und nahrhafter.

f) Kartoffelklößchen als Gemüsebeilage: Schließlich noch ein nützlicher Tip, wie Sie bei eventuellen Gemüsezuteilungen das wenige Gemüse möglichst vorteilhaft verwerten können. Auf die Verarbeitung zu Kartoffelklößen („Resteklöße") haben wir schon hingewiesen; darüber hinaus können Sie alle Gemüsegerichte sättigender gestalten — und so also das Gemüse strecken —, wenn Sie zu dem dicken Gemüse statt Salz- oder Pellkartoffeln kleine Kartoffelklößchen geben. Sie reiben eine entsprechende Menge rohe Kartoffeln, drücken sie ganz leicht aus und stechen mit einem Kaffeelöffel kleine Klöße ab, die dann in dem weichgekochten Gemüse noch etwa 10 Minuten ziehen müssen.

B. Zuspeisen zu Kartoffeln

Der Mensch ist bescheiden geworden. Eine große Zahl der im vorhergehenden Abschnitt geschilderten Kartoffelspeisen wäre vor dem Kriege als selbständiges Gericht nicht denkbar gewesen und hätte bestenfalls als Kartoffelbeilage zu Fleisch- oder Eierspeisen gedient. Heute nehmen wir gern manche Einschränkung in Kauf, um so mehr, als wir ja wissen, daß mit dem jetzigen Winter der Tiefpunkt unserer Ernährungslage erreicht ist und es dann bald wieder — dank dem harten Zupacken aller aufbauwilligen Kräfte — aufwärts geht. Wie steht es aber mit zeitgemäßen Beigaben? Ganz brauchen wir auch heute auf diese nicht ständig zu verzichten, und deshalb seien auch hierfür einige kleine Ratschläge bekanntgegeben.

1. Falsche Beefsteaks:

Dieses falsche Beefsteak ist gewissermaßen der Clou aller „Ersatzgerichte". Probieren Sie es nur recht bald einmal aus, und Sie werden zugeben müssen, daß es von einem gestreckten echten deutschen Beefsteak kaum zu unterscheiden ist. Wie man das macht? Sie reiben drei gekochte Kartoffeln vom vorhergehenden Tage, vermischen den Brei mit einer Scheibe vorher eingeweichtem Brot, geben wie bei den echten Beefsteaks Salz, Pfefferersatz und Zwiebel nach Geschmack hinzu und backen dann den gut vermengten Teig in der Pfanne mit oder ohne Fett als flache Klopse. Diese wohlschmeckende Zuspeise essen Sie zu Kartoffelsalat, Bratkartoffeln, mit einer einfachen Bratentunke zu Pell- oder Salzkartoffeln oder zu den im vorhergehenden Abschnitt beschriebenen „Perücken".

2. Zwei Rohkostsalate, die auch im Winter möglich sind:

Wieder unter der Voraussetzung, daß der gemüsearme Winter nicht ganz gemüselos sein wird, nennen wir Ihnen nun die Rezepte für zwei Rohkostsalate, die Sie dann auch zur jetzigen Jahreszeit zubereiten können:

a) Kohlrübensalat: Hierzu werden die Kohlrüben geschält, mit dem Fruchtritzer feingeraspelt und mit Essig, Salz, Zwiebel und einer Prise Zucker abgeschmeckt. Lassen Sie den Salat etwas stehen, damit alles gut durchzieht und essen Sie ihn dann zu Kartoffelsalat, Bratkartoffeln oder wiederum zu den empfohlenen Perücken.

b) Spinatsalat: Auch der Spinatsalat kann zu den gleichen Kartoffelspeisen gereicht werden. Für seine Zubereitung wird der Spinat zunächst gründlich gewaschen, dann von seinen dicken Stengeln befreit und in schmale, feine Streifen geschnitten. Danach wird er mit etwas verdünntem Essig, Salz, Zucker und feingehackten Zwiebeln abgeschmeckt, wiederum zum Durchziehen etwas stehengelassen und ist dann servierbereit. — Für den Fall, daß Sie einmal Kohlrüben oder Winterspinat als Zuteilung bekommen, sollten Sie auf die Anwendung dieser Rezepte nicht verzichten, denn gerade im Winter ist vitaminreiche Rohkost von größter Bedeutung für die Gesundheit.

3. Einige Rezepte für Tunken zu Pellkartoffeln:

Schon im vorhergehenden Abschnitt haben Sie bei der Beschreibung der Petersilien-, Bechamel- und Senfkartoffeln drei Rezepte für Soßen zu Pellkartoffeln kennengelernt. Ergänzend hierzu möchten wir Sie noch mit folgenden Möglichkeiten bekannt machen:

a) Zwiebel-Majorantunke: Sie dünsten feingehackte Zwiebel in wenig Wasser, verrühren dann einen Eßlöffel Mehl in einer Tasse Wasser, gießen dieses hinzu und schmecken

mit Salz, Pfeffer und reichlich Majoran ab. Diese Tunke wird vor allem von Maj
freunden immer wieder gern gegessen werden. Wer will, kann natürlich die Tunke
mit etwas Fett kräftiger gestalten.

b) Knoblauchtunke: Bräunen Sie etwas Mehl (evtl. mit ganz wenig Fett), fülle
Wasser oder Brühe auf, verlängern die Flüssigkeit mit angerührtem Mehl und geben
Schluß ganz feingehackten Knoblauch hinzu. Auch Geschmackszugaben von Sch
lauch, Bohnenkraut usw. ergeben wohlschmeckende Tunken zu Pellkartoffeln.

c) Kalte Meerrettichtunke: Zur Abwechslung empfehlen wir Ihnen eine kalte Meerre
tunke. Der Meerrettich wird fein gerieben, mit verdünntem Essig und etwas Zucke
würzt, und die Soße ist gebrauchsfertig. Wer über Äpfel verfügt, kann auch noch
Äpfel hinzureiben. Wem die Meerrettichtunke in der hier geschilderten Zubereitun
scharf ist, kann die Schärfe mit kochender Suppe oder kochendem Wasser ablös

C. Brotaufstriche

Genau wie der Fleisch- und Fettmangel jede Hausfrau Tag für Tag mit der er
Frage belastet „Was koche ich?", ist auch die Frage des Brotaufstriches dadurch fü
Hausfrauen ein schwieriges Problem. Aber findige Köpfe haben auch hier schon man
nützlichen Ausweg gefunden, und wir wollen nun in unserer Rezeptfolge auch auf di
Gebiet einige der erprobtesten Spar-Rezepte wiedergeben.

1. Falsches Schweineschmalz mit Öl:

Haben Sie von einer früheren Zuteilung noch etwas Öl aufgehoben? Dann nehme
hiervon einen Eßlöffel voll, setzen dem Öl 3—4 Eßlöffel Mehl hinzu, verdünnen das G
mit ¾ Liter Wasser, und nachdem Sie die Masse mit Salz und Majoran abgeschm
haben, lassen Sie sie aufkochen, bis sie dick ist (etwa 10 Minuten). Der Brotaufstric
das Aussehen von Schweinefett, schmeckt auch beinahe so und ist außerdem sehr ergi

2. Falsches Schweineschmalz ohne Öl:

Einen ungefähr ähnlichen Brotaufstrich, bei dem Sie jedoch das Öl sparen kö
erhalten Sie, wenn Sie wie folgt verfahren: Sie kochen einige ganz klein geschni
Zwiebeln in ¼ Liter Wasser, setzen zwei Eßlöffel Grieß hinzu, lassen nochmals aufkc
und schmecken dann mit Salz, Pfefferersatz und Majoran ab. Auch diesen Brotaufs
werden Sie stets mit Vorliebe essen und davon gern häufiger Gebrauch machen. Übr
kann sowohl diesem wie dem vorgenannten Aufstrich durch einen Zusatz von e
Hefeflocken (sofern Sie solche erhalten) oder Hefe ein stark leberwurstähnlicher Gesch
gegeben werden.

3. Falsche Leberwurst:

Künstliche Leberwurst-Rezepte gibt es eine Menge. Kennen Sie schon dieses
dünsten reichlich Zwiebel in einem Eßlöffel Fett, lösen für 10 Pfg. Hefe in einer T
lauwarmer Milch auf und lassen alles zusammen aufkochen. Dann tun Sie 2—3 Eß
geriebene Semmel bis zum Dickwerden hinzu und schmecken mit geriebenem Maj
Salz und Pfefferersatz ab.

4. Kartoffel-Zwiebel-Aufstrich:

Hierzu reiben Sie vier gekochte Kartoffeln vom vorhergehenden Tage, vermis
den Brei mit einer reichlichen Portion vorher gebräunter Zwiebel, geben etwas Salz
Pfefferersatz sowie reichlich Majoran dazu und ergänzen schließlich noch das Ganze
etwas Senf. Sollte der Aufstrich zu dick werden, können Sie ihn ohne weiteres mit e
Wasser verdünnen.

5. Zwiebel-Brotbelag:

Daß Zwiebeln sehr gesund sind, weiß jedermann. Daß sie aber zu trockenem
sehr gut schmecken, können Sie mit folgendem Rezept ausprobieren: Sie bestreuen
trockene Brot mit kleingehackten Zwiebeln und streuen dann je nach Geschmack
riebenen Majoran, Pfefferersatz und Salz darauf.

6. Falscher Wurstaufstrich:

Für den Fall, daß Sie einmal Sardellen oder Sardellenpaste zugeteilt erhalten, kö
Sie mit einem Teil hiervon einen falschen Wurstaufstrich bereiten. Sie weichen eine
geschälte Semmel ein und drücken sie fest aus. Dann schmoren Sie in ganz wenig
eine mittelgroße geriebene Zwiebel, vermischen sie mit der ausgedrückten Semmel
rühren etwas Sardellenpaste und so viel Brühe daran, daß eine geschmeidige Masse
steht. Diese wird auf schwachem Feuer so lange gerührt, bis sie sich vom Topfboden
Schließlich wird mit Salz und geriebenem Thymian nachgewürzt.

A. Kartoffelspeisen

Wie schon im Vorwort zum Ausdruck gebracht, zählt die Kartoffel heute zu unseren auptnahrungsmitteln. Obwohl in diesem Winter die Zuteilungen infolge des wahntzigen Hitler-Krieges nicht besonders reichlich ausgefallen sind, nimmt sie doch auf dem ichenzettel immer noch den bevorzugten Platz ein und spielt vor allem auch als selbindiges Hauptgericht eine ausschlaggebende Rolle. Ihre Verwendungsmöglichkeit ist ßerst vielseitig, vielseitiger als sich die meisten träumen lassen, und es ist wirklich verständlich, daß es immer noch Hausfrauen gibt, die ihre Zuflucht zu Pellkartoffeln d Salz suchen, wenn ihnen Fleisch und Gemüse zur Kartoffel fehlen. Wie vielseitig die erwendungsmöglichkeit der Kartoffel als Hauptgericht ist, wird Ihnen nun auch dieser eine Ratgeber zeigen. Wir bringen zu Beginn:

1. Einige schmackhafte Kloß-Rezepte:

Sie an den Anfang zu stellen, ist berechtigt, denn auch wenn man nicht zu den Thüngern gehört, denen ein Sonntag ohne „Thüringer Klöße" kein Sonntag ist, oder zu n Bayern, die auf ihre „Knödel" nie verzichten möchten, verdient doch der Kartoffelоß eine etwas bevorzugte Behandlung. Er ist schmackhaft, kräftig und sättigend und ellt niemals große Ansprüche an Beigaben, wie etwa die Salz- oder Pellkartoffel. Man nn ihn aus rohen und gekochten Kartoffeln oder aus beiden herstellen, man kann ihn t und ohne Mehl verarbeiten und man kann ihn sich abends ebenso gut schmecken ssen wie zum Mittagsbrot. Nicht zuletzt: er ist sparsam im Verbrauch! Probieren Sie besten einmal der Reihe nach die folgenden Rezepte aus:

a) Sparklöße (auch Serviettenkloß genannt): Sie stammen aus Thüringen und werden rt vielfach an Stelle der Original Thüringer Klöße hergestellt, weil letztere zu viele artoffeln erfordern und darum in jüngster Zeit nicht mehr so oft zubereitet werden nnen wie früher. Zu dem Sparkloß verwendet man wie zu den Original Thüringer lößen ausschließlich rohe Kartoffeln, doch werden diese, nachdem sie gerieben sind, im egensatz hierzu nicht ausgedrückt, sondern mit etwa 2 Löffel Mehl und 2 Löffel Grieß dickt. Wenn Sie alles gut miteinander vermengt haben, schmecken Sie den Teig mit lz ab, tun etwas Hefe oder Natron hinzu, ferner etwas geröstetes Brot oder Brötchen, rmen das Ganze zu einem Kloß, binden ihn in ein Tuch und lassen ihn eine Stunde in ißem Wasser kochen. Dazu essen Sie dann eine der üblichen Bratensoßen.

b) Milch- oder Brühklöße: Eine andere Art der Kartoffelklöße sind die Milch- oder ühklöße. Hierzu verwenden Sie gekochte und rohe Kartoffeln im Verhältnis 1 : 3 (die riebenen rohen Kartoffeln jedoch nicht auspressen, sondern nur leicht ausdrücken!), rmischen den Teig mit ungefähr 1 Eßlöffel Grieß und etwas Salz nach Geschmack, men daraus Klöße und lassen diese in leichtem kochendem Salzwasser etwa 10—15 nuten ziehen. Dann gießen Sie je nach Vorrat ½ Liter Milch oder Brühe hinzu, lassen chmals kurz aufkochen und das wohlschmeckende, kräftige Mahl ist fertig. Sie können er auch auf den Zusatz von Milch oder Brühe verzichten und die Klöße wie den obigen arkloß zu einer Bratensoße verzehren. Gießen Sie jedoch das Wasser, in dem die Klöße kocht wurden, auf keinen Fall weg, denn es ergibt ohne weitere Zusätze eine nahrhafte ppe.

c) Resteklöße: Neben rohen und gekochten Kartoffeln können Sie zu den obigen lch- oder Brühklößen auch alle Arten von Gemüseresten oder geringen Gemüsemengen, sonst kein vollständiges Essen ergeben, verwenden. Sie drehen das gekochte Gemüse ohl, Kohlrüben, Möhren usw.) zusammen mit den ebenfalls evtl. von der vorhergehenden ahlzeit restlichen Kartoffeln durch den Fleischwolf setzen in entsprechender Menge nige rohe Kartoffeln dazu und verfahren im übrigen genau so wie unter b) beschrieben.

d) Wickelklöße: Auch Wickelklöße sind bei den Kloß-Kennern sehr beliebt. Sie rwenden dazu gekochte Kartoffeln vom vorhergehenden Tage, reiben sie, mischen etwas lz und Mehl (letzteres im Verhältnis 4 : 1) hinzu, gießen etwas kochendes Wasser in die tte, verrühren das Ganze zu einem glatten Teig, rollen ihn messerrückendick aus, rösten etwas Fett Semmelbrösel und streuen diese auf den ausgerollten Teig, schneiden dann va 20 cm lange und 5 cm breite Streifen, rollen diese zusammen und backen sie im Ofen f einem Blech hellbraun. Sie können zu einer Bratentunke aber auch ohne jede Beilage geben werden. Verschiedene Hausfrauen bereiten jedoch die Wickelklöße noch auf eine dere Art zu. Sie verwenden dazu 1 Pfd. Mehl, geben einige rohe Kartoffeln dazwischen wie etwas Salz und Milch, kneten alles gut durch zu einem festen Teig, rollen ihn dünn s, klappen den Teig einmal zusammen und schneiden dann hieraus schmale Streifen, Sie an den Enden zusammendrücken und dann in kochendem Salzwasser etwa 10—15 Minuten garziehen lassen. Auch die nach diesem Rezept hergestellten Wickelklöße können ohne Beilage gegessen werden.

e) Klöße mit Zucker und Zimt: Alle Klöße aus einem Gemisch von rohen und gekochten Kartoffeln unter Zusatz von Grieß oder Mehl (je mehr um so besser) schmecken übrigens auch sehr gut mit Zucker und Zimt oder Zucker allein bestreut. Auf diese Weise können Sie also alle hier unter b)—d) aufgeführten Klöße essen. Auch Reste von gekochten Kartoffeln können Sie unter Zusatz von etwas Mehl oder Grieß auf diese Art gut zu einer schmackhaften Mahlzeit verwerten, besonders zu einem Abendgericht oder einer warmen Vorspeise, wenn Sie danach Brot essen wollen.

2. Kennen Sie schon „Perücken"?

In manchen Gegenden Thüringens sagt man auch „Boltze" (oft „Pulze" gesprochen), und in Sachsen heißen sie „Reiberich" (oder auch „Rauberich" gesprochen). Man versteht darunter ein sehr schmackhaftes und sparsames Gericht aus geriebenen Salz- oder Pellkartoffeln (daher die sächsische Bezeichnung „Reiberich"), doch werden Perücken vielfach auch aus Kartoffelmus hergestellt und ergeben auch auf diese Weise eine wohlschmeckende Mahlzeit. Die Zubereitung ist im wesentlichen die gleiche, nur aus geschmacklichen Gründen gibt es einige Unterschiede, auf die wir hier besonders aufmerksam machen möchten.

a) erste Möglichkeit: Die geriebenen Salz- oder Pellkartoffeln bzw. der Kartoffelbrei werden nochmals schwach gesalzen, in beliebiger Dicke je nach vorhandener Menge fest in eine vorher ganz schwach eingefettete Pfanne gedrückt — es geht aber auch ohne Fett! — und langsam gebacken. Wenn der Teig am Boden ordentlich braun ist, wird er mit Hilfe eines Topfdeckels umgestülpt, auch auf der anderen Seite braun gebacken und so auf den Tisch gebracht. Man ißt ihn entweder ohne jede Zutaten, oder mit etwas Zucker bestreut, oder zu einem Teller Suppe, zu einer Scheibe trockenen oder gerösteten Brotes, oder — sofern man hat — zu irgendeinem Gemüsesalat bzw. einer Fruchtsuppe oder zu Kompott.

b) zweite Möglichkeit: Die Kartoffelmasse wird mit Mehl vermengt — auf 1 Pfd. Kartoffeln etwa 35—70 Gramm Mehl — und dann wie oben gebacken und verzehrt.

c) dritte Möglichkeit: Statt Mehl werden dem Kartoffelbrei reichlich Zwiebel und wenn möglich etwas Muskat hinzugesetzt. Da die „Perücken" hierdurch einen kräftigeren Geschmack erhalten, bleibt in diesem Fall jedoch der Verzehr mit Zucker oder zu einer Süßspeise außer Betracht.

d) vierte Möglichkeit: Es werden lediglich geriebene Kartoffeln, kein Kartoffelmus, verwendet. Die Kartoffeln werden vorsichtig mit etwas Mehl vermischt, daß sie ganz locker bleiben und ebenso locker etwa 1 cm dick in die Pfanne getan (nur leicht andrücken) und dann einseitig gebacken. Zutaten (falls erwünscht!) wie oben unter a) beschrieben.

Besonders sei noch darauf hingewiesen, daß sich für die Herstellung von „Perücken" sehr gut jede Menge von Kartoffelresten eignet, die man auf diese Weise zu einer neuen Mahlzeit verwenden kann.

3. Geraffelte Pfannkartoffeln — Pillekuchen — Kartoffelbällchen:

Ähnlich wie bei den oben genannten Perücken lassen sich aus Kartoffeln weitere recht schmackhafte Gerichte herstellen, die ebenfalls zur Abwechslung im Küchenzettel beitragen und vor allem sehr sparsam im Verbrauch sind. Wir empfehlen Ihnen:

a) Geraffelte Pfannkartoffeln: Einige rohe Kartoffeln werden geschält, ohne Wasser geraspelt, leicht gesalzen und sofort in eine leicht eingefettete, bereits heiße Pfanne getan und bei schwachem Feuer mit einem Deckel bedeckt gebacken und dann mit Zucker bestreut gegessen.

b) Pillekuchen: Auch hierzu werden rohe Kartoffeln verwendet. Die Kartoffeln werden geschält, in Stifte geschnitten, mit Mehl vermischt (auf 1 Pfd. Kartoffeln etwa 25 Gramm Mehl), mit etwas heißem Wasser übergossen, mit Salz und Kümmel untermengt und etwa 5 cm hoch in der vorher leicht eingefetteten, heißen Pfanne zugedeckt bei schwachem Feuer gebraten. Der Pillekuchen wird dann mit Kräutern überstreut angerichtet.

c) Kartoffelbällchen: Dieses Gericht eignet sich wieder für die Verwendung von Kartoffelresten. Die geriebenen Kartoffeln werden mit etwas Salz, Milch, etwa 10 Gramm zerlassenem Fett und — sofern Sie haben — einigen gewiegten Kräutern vermischt, zu flachen Bällchen geformt und dann in der Pfanne ohne Fett gebraten. Sie sind recht schmackhaft und können ohne weitere Zutaten verzehrt werden. Trotzdem sei darauf hingewiesen, daß diese Kartoffelbällchen sich besonders als Zuspeise zu einem evtl. vorhandenen Rohkostsalat (siehe die Rezepte unter „Kartoffelzuspeisen") eignen.

4. Kartoffelkuchen:

Ein vollwertiges Mittag- oder Abendessen gibt auch der von vielen Hausfrauen geschätzte Kartoffelkuchen. Er hat im Geschmack eine gewisse Ähnlichkeit mit den oben beschriebenen „Geraffelten Pfannkartoffeln", unterscheidet sich aber von diesen dadurch, daß er wie ein richtiger Kuchen auf einem Blech im Backofen gebacken wird und außerdem auch ergiebiger ist. Die Zubereitung geschieht wie folgt: Sie reiben eine entsprechende Menge Kartoffeln, lassen im Haarsieb oder Beutel das Wasser ablaufen (nicht ausdrücken!) mischen etwas Mehl dazu, damit der Teig trockener wird, schmecken mit Salz, Zucker und etwas Zwiebeln ab und streichen ihn dann auf ein leicht eingefettetes Blech etwa 1—2 cm dick auf. Danach ritzen Sie mit einer Gabel oder einem Löffelstiel kuchenstückgroße Rechtecke ein und lassen die Masse im Backofen backen, bis sie goldgelb ist.

5. Kartoffelschiwwer:

Nur wenig bekannt, aber sehr nahrhaft und sparsam — darum also ganz in die heutige Zeit passend! — ist das unter dem Namen „Kartoffelschiwwer" aus Schlesien stammende Kartoffelgericht. Es ist dort in manchen Bezirken schon seit Generationen beliebt und also keineswegs ein Produkt aus kriegerischen Notzeiten. Zu Kartoffelschiwwer verwenden Sie am besten möglichst flache Kartoffeln. Sie werden sehr sauber gewaschen — am vorteilhaftesten bürstet man sie — und der Länge nach in zwei Teile geschnitten. Die Schnittflächen bestreut man mit Salz und Kümmel, legt die Kartoffeln dann mit der Schnittfläche nach oben auf ein Blech und läßt sie in der Bratröhre backen. Notfalls kann man sie aber auch auf der heißen Herdplatte zum Backen bringen, nur müssen sie dann während der Backzeit einmal gewendet werden. Kartoffelschiwwer werden mit der Schale gegessen und auf diese Weise restlos ausgewertet. Sie sind sogar sättigender als Pellkartoffeln. Zutaten sind nicht erforderlich. Versuchen Sie es mal, und Sie werden durch den guten Geschmack überrascht sein.

6. Kartoffelsuppe aus rohen Kartoffeln:

Im Küchenzettel der Hausfrauen spielen kräftige Suppen heute eine größere Rolle als früher. Schon morgens kommt in sehr vielen Familien an Stelle der früher üblichen Brötchen infolge des knappen Brotaufstriches eine nahrhafte Suppe auf den Tisch. Neben den allen Hausfrauen bekannten Suppen empfehlen wir Ihnen einmal folgendes Rezept: Reiben Sie in kochendes leichtes Salzwasser 1—2 mittelgroße Kartoffeln (zur Abwechslung können Sie auch, sofern Sie haben, hin und wieder zusätzlich eine kleine geriebene Möhre hinzutun) und lassen Sie dann das Ganze nochmals kurz aufkochen. Sie erhalten auf diese Weise eine sämige Suppe, die schmackhaft und sättigend ist und Ihnen andere knappe Zutaten sparen hilft. Auch für Kinder ist die Suppe sehr gesund. Menschen mit ruhrähnlichen Magenverstimmungen sollten die Suppe sogar vorübergehend nicht nur morgens, sondern auch mittags und abends essen.

7. Florentiner Kartoffeln:

Zu den seltenen Gemüsegenüssen, die es in diesem Winter vielleicht einmal geben wird, gehört dann wahrscheinlich eine Zuteilung von Winterspinat. Zur möglichst vorteilhaften Auswertung dieses Spinates empfehlen wir Ihnen (wenn Sie ihn nicht als Rohkostsalat entsprechend dem unten folgenden Rezept verwenden wollen) die Zubereitung von „Florentiner Kartoffeln". Sie verwenden hierzu etwa ein Kilo Kartoffeln, kochen sie in der Schale, ziehen sie ab und drehen sie noch heiß durch. Der Spinat wird gründlich gewaschen, mit dem Wiegemesser grob gewiegt und in einer Pfanne, in der man vorher schon etwas Zwiebel angedünstet hat, gut gedünstet. Dann mischt man den gedünsteten Spinat unter die durchgedrückten Kartoffeln und schmeckt mit etwas Salz ab. Schon mit relativ wenig Spinat erhalten Sie ein ansprechendes Mittagsgericht.

8. Petersilienkartoffeln — Bechamelkartoffeln — Senfkartoffeln:

Drei miteinander verwandte Gerichte, die ebenfalls wohl von allen Hausfrauen im Winter zubereitet werden können, sind die folgenden:

a) Petersilienkartoffeln: Sie stellen aus etwas Fett, ca. 20 Gramm Mehl, ungefähr ¾—1 Liter Wasser und reichlich Petersilie (Salz nach Geschmack) eine Petersilientunke her, lassen gleichzeitig Pellkartoffeln kochen, ziehen die Kartoffeln noch heiß ab und schneiden sie dann in dünne Scheiben in die Tunke hinein, in der sie nun etwa 10 Minuten ziehen müssen. Das Gericht hat zugleich den Vorteil, daß es schnell zubereitet werden kann und wenig Arbeit macht.

b) Bechamelkartoffeln: Auch hierfür wird zunächst eine Tunke aus etwas F
Wasser, Mehl und etwas Salz — jedoch ohne Petersilie — hergestellt. In diese Tu
werden wie oben die heißen Kartoffelscheiben zum Ziehen gebracht und danach noch e
⅛ Liter heiße entrahmte Frischmilch hineingegossen.

c) Senfkartoffeln: Genau wie die Petersilienkartoffeln werden die Senfkarto
hergestellt. An Stelle von Petersilie benutzen Sie jedoch neben den übrigen Zutaten e
Eßlöffel Senf sowie etwas Essig und eine Prise Zucker.

Bei allen drei Rezepten können die beschriebenen Tunken auch lediglich als Tun
zu gewöhnlichen Pellkartoffeln angerichtet werden. Mit Rücksicht auf die sparsame
wendung von Fett und den Sättigungswert empfiehlt sich jedoch die Verarbeitung
oben beschrieben, wodurch die Einfachheit der Pellkartoffel weniger zum Ausdruck ko
und auch ein besserer Geschmack erzielt wird.

9. Kartoffelkeulchen:

Obwohl die Haushalte in den Städten, für die diese Rezepte im wesentlichen besti
sind, in ihrer überwiegenden Mehrzahl kaum über Obst verfügen werden, soll doch aus
Reichhaltigkeit der Kartoffelspeisen, zu denen Äpfel verwendet werden, gewisserm
„für alle Fälle", auch eines dieser Rezepte hier angeführt werden: die sehr schmackha
Kartoffelkeulchen! Hierzu benötigt man etwa zwei Pfund gekochte Kartoffeln, dreht
durch, mengt etwas Salz sowie 2—3 mittelgroße, in kleine Stücke geschnittene ode
raspelte Äpfel hinzu, formt das Ganze zu einer Rolle und bäckt den Teig scheiben
in der Pfanne; die Kartoffelkeulchen werden dann mit Zucker bestreut serviert.

10. Allerlei Tips zu Kartoffelgerichten:

Mit den oben genannten Kartoffelgerichten sind natürlich die Möglichkeiten, di
Kartoffel als unser Hauptnahrungsmittel bietet, nicht erschöpft. Vor allem sei hier auc
diejenigen Kartoffelgerichte erinnert, die allen Hausfrauen längst bekannt sind und fr
auch häufig zubereitet wurden. Vielfach sind sie aber — wie z. B. Kartoffelplinsen und I
kartoffeln — infolge des Fettmangels neuerdings stark in den Hintergrund getreten.
halb möchten wir Ihnen nun hier noch einige Tips geben, die Ihnen die Möglichk
eröffnen, auch diese altbekannten Speisen trotz der notwendigen Sparsamkeit weite
den Tisch zu bringen, wenn auch nicht in vorkriegsmäßiger Güte. Bitte merken Sie

a) Kartoffelmus ohne Milch: Viele Hausfrauen glauben, einen schmackhaften
toffelbrei nur herstellen zu können, wenn sie Milch haben. Es geht aber auch ohne M
nur dürfen Sie nicht, wie es meistens geschieht, zum Breiigmachen der durchgequetsc
Kartoffeln das alte Kartoffelwasser verwenden, sondern frisch gekochtes Wasser, und
dieses nicht allzu reichlich. Dann schmeckt der Kartoffelbrei fast ebenso gut wie mit M
besonders wenn Sie den Kartoffelbrei mit gerösteten, feingeschnittenen Zwiebeln servi
Das verfeinert übrigens nicht nur den Geschmack, sondern kann notfalls jede weitere
lage ersetzen.

b) Kartoffelplinsen (-puffer) ohne Fett: Daß man Kartoffelpuffer auch ohne
backen kann, wird dem, der es noch nicht probiert oder sie noch nicht gegessen hat,
unwahrscheinlich, ja unmöglich vorkommen. Aber es geht, und Sie werden nach einer F
zugeben, daß es sogar sehr gut geht, wenn Sie die Plinsen nicht in der Pfanne, sonder
der offenen, heißen Herdplatte backen und den Teig nicht so dick und breit ausstrei
Wie hilft man sich aber in der Großstadt, wo doch meistens mit Gas oder elektrisch ge
wird? Hier ist lediglich darauf zu achten, daß der Tiegel nicht durchbrennt, und de
darf nur mit kleinster Flamme oder schwacher Stromschaltung gebacken werden. E
reichlich Fett gebackener Kartoffelpuffer ist selbstverständlich etwas anderes, abe
Kartoffelpuffer ohne Fett bietet wieder eine Möglichkeit mehr, die Mahlzeiten ohne
verbrauch abwechslungsreich zu gestalten.

c) Und wie kann man bei Puffer Fett sparen? Manche Hausfrau wird vielleicht
alledem auf etwas Fett nicht verzichten wollen. Darum im Zusammenhang hiermit
ein Tip, den Sie übrigens auch bei allen anderen Pfannenbratsachen verwenden kön
Schneiden Sie eine rohe Kartoffel in der Mitte durch, lassen Sie das vorgesehene Fe
einem Näpfchen zergehen und benutzen Sie dann zum Einfetten der Pfanne das je
in das Fett getauchte Kartoffelstück.

d) Bratkartoffeln ohne Fett: Auch für die Herstellung von Bratkartoffeln ohne Fe
schon von zahlreichen Hausfrauen ein kleiner Trick ausprobiert worden. Sie schn
die gekochten Kartoffeln wie üblich in die Pfanne und gießen dann, um das Anbre
der Kartoffeln zu verhüten, etwas schwarzen Kaffee darüber. Gewiß, wiederum nu

An die schlechten Zeiten kann ich mich noch gut erinnern. Vor allem an die „Bratheringe", die es zu meiner Konfirmation als Festessen gab.

(Gabriele Kötz, Leipzig)

Verwendung von Kartoffelschalen

Salzkartoffeln kamen sehr selten auf den Tisch, meist wurden Pellkartoffeln gekocht, damit der Abfall möglichst gering gehalten werden konnte. Im Frühjahr und Frühsommer mußten jedoch auch unansehnliche, teils angefrorene, fleckige und schädlingsbefallene Kartoffeln verwertet werden. Die Schalen ließ man nicht umkommen. Sie wurden getrocknet, zu Kartoffelmehl verarbeitet, als Knäckebrot gebacken oder auf der Herdplatte zu einer Art Kartoffel-Chips geröstet.

Gegen den häufigen Verzehr von Kartoffelschalen gab es erhebliche gesundheitliche Bedenken. Die Schalen enthielten einen gewissen Anteil an Kork, der auf die menschliche Verdauung stopfend wirkte.

Kartoffelschalen warf man nicht weg. Sauber gewaschen und getrocknet konnte man diese zum Andicken von Soßen und Suppen verwenden. Wir haben die Schalen auch auf der Herdplatte getrocknet, es gab eine Art Puffer, die wir „Ofenklitscher" nannten.

(Ingeborg Schramm, Böhlitz-Ehrenberg)

Erneut treffen (Oktober 1945) größere Mengen Kartoffeln

Falsche Bratheringe

➔ **Sie verwenden hierzu drei mittelgroße gekochte Kartoffeln, zwei mittelgroße rohe, geriebene Kartoffeln, etwas Hefeflocken, eine Prise Salz und etwas Pfeffer. Alles gut verrühren und daraus kleine Bratlinge in Fischchenform formen und diese in etwas Fett braun braten. Dann eine Essigtunke mit Zwiebel und Lorbeerblatt aufkochen und heiß über die Bratlinge geben. Wenn alles gut durchgezogen und erkaltet ist, wird das Gericht mit Pellkartoffeln serviert.**

Saure Kartoffelstückchen

100 g Mehl
2 kg Kartoffeln
1 saure Gurke
1 l Brühe oder Wasser
1 TL Zucker
Essig
Salz

➔ **Kartoffeln kochen, in Stückchen schneiden und warm stellen. Saure Gurke würfeln. Aus den restlichen Zutaten eine dicke Tunke herstellen, die Gurke untermischen, alles über die Kartoffelscheiben gießen und das Gericht etwas durchziehen lassen.**

Volksstimme, 19. Januar 1946

Kartoffeln strecken

Speisekartoffeln sind sparsam zu verbrauchen. Zusätzliche Mengen können vom Kreisernährungsamt nicht ausgegeben werden. Die eingekellerten 50 kg müssen bis Ende Februar 1946 reichen. Wer 84 kg eingekellert hat, muß bis Ende Mai damit auskommen.

Volksstimme, 20. Februar 1946

Kartoffelflocken an Stelle von Speisekartoffeln

Verbraucher, die frische Speisekartoffeln nicht erhalten können, erhalten als Ersatz Kartoffelflocken.

für die Leipziger Bevölkerung ein. Werktätige Bauern und Landarbeiter der Kreise Borna, Grimma und Wurzen organisieren diese Solidaritätsaktion auf Initiative der KPD. Viele der anrollenden Wagen sind geschmückt und tragen Spruchbänder wie „Stadt und Land – Hand in Hand."

(A. Alther)

Sie fragen mich nach meinen Erinnerungen an meine Kindheit nach 1945. Erst die schlechte: Regelmäßig mußten im Winter die eingelagerten Kartoffeln nach fauligen Knollen durchsucht werden. Ein Horror: In den dunklen, muffigen Keller steigen, eine Kerze spendete Schummerlicht. Dann jede Kartoffel herausnehmen, kontrollieren und die guten wieder einlagern. Ganz eklig, wenn man in eine faule Kartoffel faßte. Mein 13jähriger Bruder erlaubte sich einen Scherz. Er versteckte sich im Keller und stöhnte schrecklich, während wir vor Angst starr vor der Kartoffelkiste saßen. Ich fiel in Ohnmacht (was damals bei der schlechten Ernährungslage an der Tagesordnung war), wachte, umsorgt von meiner Mutter, auf dem Küchensofa auf. Und nun die gute Erinnerung: Nach diesem Schreck mußte ich nie mehr in den Keller zum Kartoffelsortieren.

(Ella K., Pillnitz)

Der große Hunger begann 1947, als die Kartoffeln aufgegessen waren. (...) Manchmal dachte ich in der Schule, ich falle vor Hunger um. Bis 1948 ging das. Wegen des großen

Hungers teilte man den Lehrern in Nadelwitz (Nähe Bautzen) ein Feld zu. Wir bauten vor allem Kartoffeln an.

(...) Als die Ernte kam, wurde viel gestohlen. Tagsüber hielten zwei Lehrerinnen und nachts zwei Lehrer Wache.

(Keller/Rook)

Einkellern von Kartoffeln

Alle im Keller gelagerten Vorräte bedürfen einer besonderen Überwachung und müssen mindestens jede Woche einmal durchgesehen werden, wobei Anfälliges aussortiert und sofort weiterverwendet wird. Das Einkellern von Kartoffeln muß mit Sorgfalt vorgenommen werden. Die Knollen müssen völlig trocken sein und peinlich ausgelesen werden. Alle irgendwie beschädigten Kartoffeln werden zum baldigen Verbrauch herausgenommen.

Die bekannten Kartoffelkisten aus Lattenrost mit schrägem Abfallboden erfüllen ihren Zweck sehr gut. Durch das beständige Nachrutschen bleiben diese in Bewegung und durch die luftige Lagerung vor Fäulnis bewahrt. Auch eine Kellerecke eignet sich sehr gut zur Unterbringung von Kartoffeln. Nötig ist dabei ein Holzrost, auf dem die Kartoffeln gelagert werden, so daß sie von unten her luftig liegen. Die Ecke wird vorteilhafterweise durch einen vorgesetzten Bretter- oder Lattenzaun abgeschlossen.

Es reicht den Kartoffeln nicht zum Schaden, wenn sie in der Nähe von Kohlen gelagert werden, da Kohlenstaub konservierend wirkt. Ausprobiert und sehr günstig für die Haltbarkeit und gegen Fäulnisbildung sind auch käufliche Konservierungsmittel. Der Keller muß gut gelüftet, jedoch vor Frost geschützt werden.

(Merkblatt „Peter-Presse" zu Leipzig, o.J.)

Achtet auf den Kartoffelkäfer

Der Kartoffelkäfer und seine Larven fressen die Kartoffelpflanze kahl, so daß sie keine Knollen ansetzen können.

Der etwa 1cm große Käfer erscheint von Frühjahr an auf den Feldern und ist an zehn schwarzen Streifen auf den gelben Flügeldecken leicht zu erkennen. Seine Larve wird etwa 12 mm lang und hat einen auffallend dicken Hinterleib. Sie ist anfangs rot, später gelblichrot mit schwarzem Kopf und Nackenschild sowie mit einer doppelten Reihe schwarzer Wärzchen und mit schwarzen Beinen.

Wer ihn findet, muß dies dem Bürgermeister oder der Ortspolizeibehörde sofort anzeigen, damit der Bekämpfungsdienst die nötigen Maßnahmen einleiten kann.

Besonders wichtig ist das Absammeln der Käfer, Eigelege und Larven von den Pflanzen durch den Suchdienst, der von den Polizeibehörden angeordnet wird.

(Merkblatt Stadtarchiv Leipzig, ZGS 1945–1990, Nr. 619/20)

Gemüse

Volksstimme, 11. Januar 1946

Schon mehr Auswahl auf dem freien Markt

Am Donnerstag wurde in der Großmarkthalle wieder ein freier Markt abgehalten. Erfreulich war, daß diesmal die Zufuhren gegenüber dem ersten freien Markt bedeutend stärker waren. Diesmal wurden 5000 kg Möhren, 1600 kg Kohlrabi, 1500 kg Grünkohl, 200 kg Sellerie und 175 kg Rote Rüben angeboten. Die Zahl der Kauflustigen war natürlich wieder sehr groß. Da die Mengenabgabe rationiert worden war, ist der größte Teil der Männer und Frauen, die sich frühzeitig angestellt haben, zu dem begehrenswerten Gemüse gekommen.

In unserer alteingesessenen Leipziger Familie wurde in Friedenszeiten oft das Nationalgericht „Leipziger Allerlei" gegessen. Eltern und Großeltern schwärmten immer davon, wie schmackhaft dieses Gericht aus Hühnerfleisch, Butter, Blumenkohl, Spargel, Erbsen, aber auch Morcheln oder Krebsen gewesen war.
Wir Kriegskinder kannten dieses Essen natürlich nicht, und meine Mutter nannte dann das, was wir täglich aßen, „Leipziger Einerlei". In kochendes Wasser wurden einige rohe Kartoffeln gerieben, kurz aufgekocht, einige Gemüseschnipsel dazu und dann auf den Teller geschüttet. Man mußte die Suppe sofort essen; wenn sie kalt wurde, gerann sie wie Pudding.
(Marianne H., Leipzig)

Leipziger Einerlei – Nachkriegsrezept

1 l Wasser
3 große rohe geriebene Kartoffeln
Salz, Majoran, Petersilie

➔ **Das Wasser zum Kochen bringen. In das kochende Wasser die Kartoffeln reiben, einmal kurz aufkochen lassen, Gewürze dazu und sofort heiß servieren.**

Kohlrabi

Kohlrabi, Oberrüben oder Kohlraben gibt es fast das ganz Jahr hindurch. Nicht nur die Knollen, auch die frischen Blätter schmecken, wie Spinat oder Wirsing zubereitet, ausgezeichnet. Die großen Winterkohlrabi sind zuweilen scharf. Das läßt sich durch Zugabe von etwas Milch ändern. Auch durch Dämpfen der zerschnittenen großen Knollen kann der Geschmack gemildert werden.

1948 habe ich eine Lehre als Schneiderin begonnen. Meine Oma gab mir immer eine Bemme mit. Eines Tages fühlte sich das Frühstücksbrot ganz dick an, ich hoffte schon auf die doppelte Portion. Nein, es war „Gärtnerwurst", nämlich eine dicke Scheibe gekochter Kohlrabi war zwischen die Brotscheiben gelegt. Hat aber gut geschmeckt.

(Rosemarie Höhne, Langen)

Grünes Kohlrabigemüse

750 g Kohlrabi
1/2 l Wasser
30 g Butter
15 g Mehl
Salz

→ **Für dieses Gericht kommen nur junge Kohlrabi in Frage. Die Blätter von den Stengeln abstreifen, waschen und dämpfen. Die Knollen schälen und zerteilen, in 1/8 l Wasser, der Butter und wenig Salz dünsten. Das Mehl überstäuben, mit dem restlichen Wasser auffüllen. Die weich gedämpften Blätter grob hacken und dazugeben.**

Gefüllte Kohlrabi

→ **Geschälte Kohlrabi halbweich dämpfen, aushöhlen und mit einer Masse aus geriebenem Weißbrot, Zwiebel, Ei und Gewürzen, mit etwas Milch verrührt, füllen und 20 Minuten in einer Auflaufform garen.**

Gedünstetes Sauerkraut

500 g Sauerkraut
1 Zwiebel
50 g Fett
einige Wacholderbeeren
Salz, Pfeffer

➔ **Sauerkraut grob hacken, einen kleinen Teil davon zugedeckt zur Seite stellen. Zwiebel würfeln und in Fett erhitzen, Kraut und Gewürze zugeben, gar dünsten. Nach Geschmack auch etwas Zucker, Apfelschnitze, Pflaumen oder einige Rosinen zugeben. Wird das Kraut sämig gewünscht, dann eine rohe geriebene Kartoffel zugeben und noch einmal kurz aufkochen lassen. Kurz vor dem Auftragen das rohe Kraut untermengen.**

Im Herbst wurde überall Sauerkraut eingestampft. In unserem Dorf war das eine Gemeinschaftsarbeit. Die Frauen haben die Steintöpfe gewaschen, die Männer raspelten den Kohl auf einem riesigen Krauthobel. Selbst die Kohlstrünke wurden noch zu Gemüse verwertet. Als Gewürze kamen Meerrettich, Wacholderbeeren, etwas Salz und manchmal auch Zwiebeln dazu. Alles wurde mit einem Tuch abgedeckt und mit einem großen Stein beschwert. Nach etwa drei Wochen konnte man das Sauerkraut kosten. Nach meiner Erinnerung schmeckte es herrlich.
Gleich nach dem Kriege hatten einige Familien noch einen kleinen Vorrat an „Friedensschnaps", der in winzig kleinen Gläsern, etwa Fingerhutgröße, an die Männer verteilt wurde, wenn wieder ein Faß oder Steintopf eingestampft und gefüllt war.

(Greta M., Görlitz)

Mein Mann schleppte als Student einen Sack Kohlköpfe von Greifswald nach Leipzig.

(Gabriele Kötz, Leipzig)

Haferflockenwürstchen

150 g Haferflocken
1/2 l heißes Wasser
1–2 EL Mehl
Salz
Hefeflocken oder getrocknete Kräuter

➔ **Haferflocken mit heißem Wasser überbrühen und zugedeckt quellen lassen, nach 20 Minuten mit den anderen Zutaten vermischen. Die Masse auf ein Brett mit Mehl oder geriebener Semmel geben, Würstchen formen und in einer eingefetteten Pfanne backen. Auf gedünstetem Sauerkraut anrichten.**

Sauerkraut-Eintopf mit Kürbis

750 g Kürbis
500 g Sauerkraut
250 g Lauch oder einige Zwiebeln
1 kg Kartoffeln
250 g rote Tomaten
Salz, Petersilie
Wasser oder Brühe

➔ **Kürbis würfeln, Sauerkraut und Lauch schneiden, in dem Fett das Gemüse andünsten und mit der Flüssigkeit auffüllen. Später die geschälten, gewürfelten Kartoffeln, zum Schluß die geviertelten Tomaten zugeben, abschmecken und mit Petersilie anrichten.**

Pikanter Sauerkrautsalat

250 g Sauerkraut
100 g Äpfel
2 EL Öl
Kümmel

➔ **Kraut grob hacken und kurz im Öl erhitzen. Nach dem Erkalten die geschnitzelten Äpfel untermischen und würzen. Zur Abwechslung können auch kleingeschnittene Pflaumen oder Birnenschnitze sowie Rosinen verwendet werden.**

➔ **Schmeckt heute noch!**

Warmer Krautsalat

➔ **Weiß- oder Rotkohl sehr fein schneiden und in einem Sieb mit kochendem Wasser überbrühen. Abtropfen lassen. Essig mit Wasser verdünnen, mit Kümmel, Salz und Zucker vermischen, erhitzen und heiß über den Kohl gießen. Der Salat schmeckt noch besser, wenn man etwas zerlassenes Fett oder kleingewürfelten Speck zugeben kann.**

Kürbis

Eine große Rolle spielte bei uns der Kürbis, er brachte die nötige Masse ohne viel Mühe, außerdem wurde jeder Kürbiskern ausgepult.

(Charlotte Müller, Liebertwolkwitz)

Kürbispuffer

500 g Kürbis
500 g Kartoffeln
30 g Mehl
Salz, Bratfett

➔ **Kürbis und Kartoffeln schälen und roh reiben, mit Mehl oder Haferflocken vermischen. Fett erhitzen und löffelweise den Teig hineingeben, breitdrücken und beidseitig braten. Die Puffer werden knuspriger, wenn unter den Teig ein Ei oder etwas Quark gegeben wird.**

Kürbis-Kartoffelbrei

➔ **Kürbis schälen, dünsten und zerstampfen, unter fertigen Kartoffelbrei mischen und mit viel gebräunten Zwiebelringen anrichten.**

➔ **Schmeckt heute noch**

Zitronat aus Kürbis

➔ **Kürbis in kleine Stückchen schneiden, etwas Zucker dazugeben und in wenig Wasser nicht zu weich kochen. Den Saft abgießen und mit etwas Essig oder Zitronensäure dick wie Sirup einkochen, über die Kürbisstückchen gießen, erkalten lassen und dann wie Zitronat (z.B. für Stollen) verwenden.**

Rührei aus Kürbis

750 g geraspelten Kürbis
500 g geriebene gekochte Kartoffeln
1 Zwiebel
Salz, Pfeffer

➔ **Zwiebel in etwas Fett rösten, die übrigen, gut vermengten Zutaten dazugeben und unter ständigem Rühren 20 Minuten in einem Tiegel braten. Zum Schluß etwas Mehl darüberstäuben und nochmals erhitzen.**

Ananaskürbis

500 g Kürbis
250 g Zucker
1 Tasse Wasser
Ananasaroma

➔ **Kürbis schälen und in Form von Ananasstückchen schneiden. In ganz wenig Wasser – nicht zu weich – kochen, auf ein Sieb geben. In die Flüssigkeit Zucker und Aroma geben und aufkochen lassen. Kürbisstückchen in ein Glas oder einen Steintopf geben und die Zuckerlösung darübergießen. Am nächsten Tag die Flüssigkeit wieder abgießen, einkochen und über die Stückchen geben. Zu Festtagen die Stücke auf eine Platte legen und wie Ananas verzehren.**

chier
umann
Ausnahme Angebot
Sehr süßes Zimt Aroma
PAUL
Baumann
33-1335

Möhren mit Quark, süß

250 g Möhren
1 Ei
60 g Zucker
250 g Quark
Nüsse oder gehackte Pflaumenkerne

- **Möhren putzen und raspeln, Ei und Zucker schaumig rühren, löffelweise den durch ein Sieb gedrückten Quark beifügen. Ist die Masse zu fest, ein wenig Milch oder Wasser zugeben. Mit den Kernen bestreuen.**
- **Schmeckt heute noch!**

Möhren-Eierkuchen

500 g Möhren
1/2 l Milch oder Wasser
250 g Mehl
1–2 Eier
Salz

- **Die gewaschenen, geschälten Möhren reiben. Aus Mehl, Milch und Salz einen Teig herstellen und dünne Eierkuchen backen. Die Möhrenmasse auf die Eierkuchen verteilen und zusammenklappen.**

Im Sommer 1946 hatten wir eine ganz gewaltige Möhrenernte. In der Südstraße, im Petersteinweg standen vor den Lebensmittelgeschäften riesige Stapel mit Kisten voller Möhren, die von der Straßenbahn ausgefahren wurden. Möhren gab es wie Sand am Meer. Alle Hausbewohner saßen im Hof und putzten Möhren. Die Gläser reichten nicht, um sie einzuwecken. Später legten wir die Möhren in Salzlake ein.

(Ahbe/Hofmann)

Es hieß immer, man solle viel rohe Möhren essen, damit man keine Würmer bekam, die damals fast alle Kinder hatten. Viele Menschen mußten Wurmkuren machen und ziemlich große Tabletten schlucken. Das war eklig, da haben Möhren doch besser geschmeckt.

(Marita K., Dresden)

Möhrenkraut als Gemüse

- **Die inneren Blätter der jungen Möhren ergeben ein schmackhaftes Gemüse. Das Kraut waschen, kurz dämpfen, fein schneiden und in etwas Fett und kleingehackter Zwiebel dünsten. Mit Salz und Pfeffer würzen. Kurz vor dem Servieren etwas feingeriebene rohe Möhre darüberreiben.**

Möhren (für den Winter aufzubewahren)

Möhren sortieren. Zerbrochene oder madige Wurzeln sofort verbrauchen. Unbeschädigte Möhren ungewaschen in einen Eimer oder eine Kiste legen. Feinen trockenen Sand darüberstreuen. Schicht für Schicht auffüllen und im Keller kühl und dunkel aufbewahren. Bei Bedarf die Möhren von oben entnehmen.

Radieselsalat

250 g Radiesel
1 TL Zitronensaft oder Essig
3 EL Sahne oder Milch
Salz

→ **Die vorbereiteten Radiesel in Scheibchen schneiden oder raspeln, mit Salz, Zitronensaft und Sahne oder zwei Eßlöffel Öl vermengen und anrichten.**

Radieschen (sächs. Radiesel)

Radieselkraut als Gemüse

→ **Im Frühjahr läßt sich das zarte Grün der Radieseln wie Spinat zubereiten. Mit gebräunten Zwiebelwürfeln anrichten und zu Kartoffelbrei reichen.**

Radieselsuppe

500 g Radiesel
10 g Fett
1 EL Mehl
2 rohe Kartoffeln
1 1/2 l Wasser
gehackte Petersilie
Salz

→ **Radiesel putzen, waschen und in Scheiben schneiden. In einem Topf die Scheiben mit Mehl bestäuben, mit etwas Fett anrösten und mit Wasser auffüllen. Die geschälten Kartoffeln in Würfel schneiden, dazugeben und in der Suppe weich kochen lassen. Mit Salz und Petersilie abschmecken.**

Apfel-Möhren-Salat

200 g Äpfel
300 g Möhren
Zitronensaft oder Essig
Zucker, Salz
evtl. Nüsse

→ **Die vorbereiteten Möhren und Äpfel reiben oder schnitzeln, mit Zitronensaft oder Essig und Zucker abschmecken. – Auch Dillsamen, Meerrettich- oder Zwiebelwürfelchen sind zum Würzen geeignet**

Rotrüben, rote Rüben oder Rote Bete

Dieses winterliche Gemüse sollte häufiger auf dem Küchenzettel zu finden sein. Hier die richtige Vorbereitung: Vor dem Waschen der roten Rüben die Blätter entfernen, aber nicht den Blattansatz abschneiden. Die Knollen lassen sich roh schälen, aber auch nach dem Kochen oder Dämpfen entsprechend zerkleinern. Sehr schmackhaft sind die roten Rüben, wenn sie ganz oder halbiert im Ofen bei mäßiger Hitze gebacken werden.

Rotkraut aus roten Rüben

1 kg rote Rüben
20 g Fett
40 g Mehl
1/2 l Wasser
1 Zwiebel
2 EL Zucker oder 1 Tabl. Süßstoff
Salz
Essig

➔ **Die gegarten roten Rüben abziehen und raffeln, von Fett, Mehl und Wasser eine Tunke herstellen und die Rüben zugeben. Mit den Gewürzen abschmecken, zehn Minuten ziehen lassen und zum Schluß mit einer kleinen roh geriebenen Rübe aufwerten. Mit Pellkartoffeln zu Tisch geben.**

Rotrübensalat

500 g rote Rüben
1 EL Essig
Salz
Gewürze

➔ **Die garen Rüben schälen, in Scheiben schneiden, schnitzeln oder reiben. Essig mit Wasser verdünnen, die Rüben salzen und die Gewürze zufügen. Als Gewürze kommen in Frage: Kümmel, Meerrettichwürfel oder Zwiebelscheiben.**

Rotrüben-Weißkohlsalat

➔ **Frischer Weißkohl, streifig geschnitten, wird mit ein wenig Salz vermischt und gestampft, bis er mürbe ist. Dann mit dem Rotrübensalat (Rezept siehe oben) vermischen.**

Rote Grütze von roten Rüben

500 g rote Rüben
100 g Haferflocken oder Schrot
1 l Wasser
1–2 EL Essig
Zucker nach Geschmack
Zitronenaroma

➔ **Rote Rüben schälen, reiben und ca. 15 Minuten im Wasser kochen, durch ein Sieb geben und den Saft aufkochen. Haferflocken oder Schrot einstreuen, aufkochen, ausquellen lassen und mit Essig, Zucker und Aroma abschmecken, in eine Form geben und erkalten lassen.**

Sellerie

Sellerie, das typische Wintergemüse, läßt sich vielfältig verwenden. Die Schalen ergeben – sauber gewaschen – eine kräftige Brühe. Schalen und Kraut lassen sich auch trocknen. Fein gerieben verfeinern sie in der gemüsearmen Zeit jede Kartoffelsuppe.

Selleriemus

500 g Sellerie
500 g Kartoffeln
3/8 l Salzwasser
20 g Butter oder Margarine
20 g Semmelbrösel
etwas Sahne oder Milch (wenn vorhanden)

- **Sellerie und Kartoffeln waschen, in Stücke schneiden, in Salzwasser weich kochen und durch ein Sieb rühren. Das Mus mit Sahne oder Milch verrühren und mit in Butter braun gebratenen Semmelbröseln anrichten.**
- **Schmeckt heute noch!**

Sellerieschnitzel (Garnierter Sellerie)

500 g Sellerie
100 g geriebenes Schwarzbrot
1 Ei oder 3 EL Milch
etwas Fett zum Braten
Salz, Pfeffer

- **Sellerieknolle schälen und in Salzwasser nicht zu weich kochen. Die Knolle so zerteilen, daß schnitzelähnliche Scheiben entstehen. Altes Brot fein reiben, mit Ei und Milch verquirlen, die Selleriescheiben darin wälzen und in wenig Fett langsam braten, bis die Kruste schön braun ist. Aus den übriggebliebenen Selleriestückchen und den sauber gewaschenen Schalen läßt sich mit Möhren und Kartoffeln eine würzige Suppe herstellen.**
- **Schmeckt heute noch!**

Selleriewürstchen

500 g Sellerie
100 g Weißbrot
2 Eier
20 g Mehl
Salz, Paprika,
Semmelbrösel
Bratfett

- **Gekochten Sellerie schälen, schnitzeln, mit dem eingeweichten, fest ausgedrückten und kleingezupften Weißbrot, dem Ei, Salz und Paprika zu einem festen Teig verarbeiten (evtl. noch etwas Semmelbrösel, Kartoffelmehl oder Haferflocken beifügen). Aus dem Teig kleine Würstchen formen, erst in Mehl, dann in verrührtem Ei, zuletzt in Semmelbrösel wälzen und in heißem Fett braun braten.**

Kohlrüben-Eintopf

1 1/2 kg Rüben
500 g Kartoffeln
1 Zwiebel
1 Knoblauchzehe
1/2 l Wasser oder Brühe
1 EL Mehl
100 g Speck
etwas Majoran und gehackter Schnittlauch

➔ **Rüben schälen, in Würfel schneiden und in der Brühe fast weich kochen. Die geschälten und gewürfelten Kartoffeln zugeben und ebenfalls weich kochen. Den gewürfelten Speck in einer Pfanne auslassen und die kleingeschnittene Zwiebel und die zerdrückte Knoblauchzehe anbraten. Mehl darüberstäuben und anbräunen. Zum Gemüse geben, würzen und alles noch einmal kurz aufkochen lassen.**

Freitag, 11. April
Diner: Pellkartoffeln mit Möhrengem.
Sonnabend, 12. April
Diner: Grütze
Sonntag, 13. April
Diner: Grüne Schnittbohnen
Montag, 14. April
Diner: Saure Kartoffelstückchen mit Zuckerrüben
Dienstag, 15. April
Diner: Kohlrübengemüse
Mittwoch, 16. April
Diner: Pellkartoffeln mit Rote Rüben (Rotkraut ähnlich).

Kohlrüben (auch Steckrüben, Wruken oder Erdkohlrabi genannt) wecke so viele Erinnerungen an schlechte Zeiten, daß man sie einfach nicht mehr essen mag. Doch wenn dieses billige Gemüse sorgsam zubereitet und gut gewürzt wird, schmeckt es ausgezeichnet.

Vorbereitung: Die Kohlrüben mit der Bürste waschen und dick schälen. Junge, angenehm riechende Knollen können sofort, zum Beispiel für Salat, verarbeitet werden, alte dagegen sollte man erst in große Stücke schneiden und weich dämpfen oder in schwach gesalzenem Wasser kochen. Kochen Sie Kohlrüben entgegen der üblichen Regel bei offenem Topf, dann verschwinden der beißende Geschmack und die blähende Wirkung.

Braunes Kohlrübengemüse

1 kg Kohlrüben
40 g Fett
40 g Zucker
1/2 l Brühe
5 g Stärkemehl

➔ **Die vorbereiteten Kohlrüben in Stifte oder Würfel schneiden. Auch Kugeln können ausgestochen werden. Das Fett erhitzen, den Zucker zugeben, sobald er sich bräunt, die Kohlrüben beigeben und durchrühren. 1/8 Liter heiße Brühe auffüllen und die Rüben dünsten. Dabei öfter den Topf schütteln. Nach 15 Minuten die restliche Brühe zugießen und das Gemüse weich kochen. Das kalt angerührte Stärkemehl zugeben und alles noch einmal aufwallen lassen. Das Gemüse kann mit Kräuteressig oder Kochwein, auch mit einem Eßlöffel Weinbrand oder Sirup abgeschmeckt werden.**

➔ **Schmeckt heute noch!**

Winterlicher Eintopf

→ **Porree in etwas Fett anrösten, dann die doppelte Menge an geschnittenemWeißkohl und zerteilten Mohrrüben hinzugeben, Wasser oder Knochenbrühe dazugießen und das Gemüse garen. Später zerdrückte Pellkartoffeln zugeben und mit Salz und Petersilie würzen.**

zuletzt in Semmelbrösel, mit Salz gemischt, drücken. Die Schnittfläche in Butter braten.

→ **Schmeckt heute noch!**

Falsches Hirn

→ **Grüne, unreife Tomaten ganz klein schneiden. Zwei Zwiebeln würfeln, in wenig Fett dünsten und zu den Tomatenstückchen geben. Unter ständigem Rühren, am besten mit einer Gabel, garen und ein verquirltes Ei darübergeben. Mit Salz und Pfeffer würzen und gut durchrühren.**

Tomatenauflauf mit Brot

→ **Tomaten in Scheiben schneiden. Brot würfeln und mit geschnittener Zwiebel und gewiegter Petersilie in Fett anrösten. In eine gefettete Form abwechselnd Tomatenscheiben und Brotwürfel schichten. Das Ganze mit einem Teig aus Mehl, Wasser und Salz übergießen und im Ofen eine knappe Stunde backen.**

Gebratene Tomaten

8 Tomaten
1 EL Mehl
1 Ei
2 EL Semmelmehl
30 g Butter
Salz

→ **Schnittfeste Tomaten halbieren, Stielansatz ausschneiden. Die Schnittflächen erst in Mehl, dann in verschlagenes Ei tauchen,**

Obst

Ich kann mich noch entsinnen, es kam ein Aufruf, daß Kinder bis zu fünf Jahren ein Kilo Äpfel bekommen sollten. Ich weiß noch, daß wir lange vor dem Laden standen und auf den Händler warteten. Der hatte die Berechtigung, seinen einachsigen Autoanhänger an die Straßenbahn anzuhängen. (...) So fuhr er bis in die Großmarkthalle und holte die Äpfel. Als er zurückkam, riß ihm die Menge das Obst fast aus den Händen.

(Ahbe/Hofmann)

Apfelplätzchen

500 g gekochte, geriebene Kartoffeln
250 g grob geraspelte Äpfel
3 EL geröstete Haferflocken
1 EL Zucker
1 Prise Salz

➔ **Äpfel, Kartoffeln und Haferflocken mit Salz und Zucker mischen. Kleine Plätzchen formen und in der Pfanne mit wenig Fett backen. Wenn vorhanden, mit Zucker und Zimt bestreuen.**

Apfelsuppe

➔ **Äpfel, auch Fallobst, schälen, zerkleinern und mit etwas Zimt und Wasser weich kochen, durch ein Sieb streichen. Bei Bedarf etwas süßen. Kleine Brotbröckchen anrösten, in einen tiefen Teller geben und die Apfelsuppe aufgießen.**

Brotbelag aus Falläpfeln

➔ **Äpfel waschen, schälen und mit einer groben Reibe raspeln. Auf die heiße Herdplatte legen und öfter umwenden. Auf Brot gelegt schmecken die Raspel wie Apfelmarmelade.**

Man sah auch im Herbst kaum einen Apfel oder eine Birne unter den Bäumen liegen. Alles wurde verarbeitet oder gleich roh verzehrt. Nichts kam um. Schade, daß nur solche schweren Zeiten die Leute zum Sparen erziehen.

(Sigrid Kasper, Dresden)

Pflaumenknödel

250 g Kartoffeln
75 g Mehl
40 g Butter oder Margarine
50 g Zucker
250 g Pflaumen
Salzwasser
evtl. Brösel

→ **Frisch gekochte Kartoffeln durchpressen. Mit Mehl, 20 Gramm Fett und etwas Salz zu einem Teig verarbeiten und ausrollen. In Vierecke schneiden und darin eine mit Zucker gefüllte Pflaume wickeln. Die Klöße in siedendem Salzwasser langsam ziehen lassen. Mit einem Sieblöffel herausnehmen und – wenn vorhanden – etwas in Butter geröstete Semmelbrösel darübergeben und mit Zucker bestreuen.**

Kirschsuppe mit Klütern

→ **Kirschen entsteinen und mit wenig Wasser zum Kochen bringen. Aus etwas Mehl, einem Ei und Wasser einen geschmeidigen Teig herstellen, mit einem Löffel kleine Klößchen abstechen, zu den geschmorten Kirschen geben und langsam gar ziehen lassen.**

Rhabarberschaum

→ **In Stücke geschnittenen Rhabarber in Wasser weich kochen (etwas flüssiger halten als zu Kompott). Etwas Grieß einrieseln und nochmals kurz aufkochen lassen. Die Speise etwas abkühlen lassen, zuckern und dann mit dem Schneebesen zu Schaum schlagen.**

Rhabarberkartoffeln

→ **Rhabarber ohne Zucker zu einem Brei kochen. Kartoffeln kochen, abgießen und zerstampfen. Mit dem Rhabarber mischen und mit einer Tunke aus Zwiebel, Mehl und Gewürzen (Majoran, Thymian, Kerbel) übergossen zu Tisch bringen.**

Im Herbst wurde auch Pflaumenmus gekocht. Wenn im Winter fast nichts mehr zu essen da war, haben wir das Pflaumenmus mit Wasser verdünnt und als Soße über Kartoffelklöße gegessen.

(Käthe R., Wurzen)

Zur Katastrophe wächst sich allmählich unsere Kirschenernte aus: alle Welt bittet u. bettelt um Anteil, Kinder durchtoben Garten und Haus, es fehlt an Ruhe, es läßt sich auch kaum genügend viel zum Einkochen für (...) uns erübrigen. Das Pflücken u. übermäßige Essen auch meinerseits nimmt kein Ende. Diese übermäßige Kirschenernte wird auf alle Sinne wirkend, optisch, akustisch usw., das Erinnerungsbild an den ersten Monat (Juni 1945) in Dölzschen bestimmen.

(Victor Klemperer)

Rhabarber trocknen als Wintervorrat

Früher wurde Rhabarber mit viel Zucker zu Saft oder Marmelade verarbeitet. Zucker fehlte jetzt. Um die Stangen nicht umkommen zu lassen, sollte man das Trocknen probieren. Die Stangen in drei Zentimeter lange Stücke schneiden, dicke Stangen halbieren und in der Back- oder Bratröhre schnell trocknen. Die Stangen müssen trocken, aber noch biegsam sein. Später einweichen und wie frische Stangen verarbeiten.

Brennesselsuppe

➔ **Im Frühjahr gesammelte Brennesseln ergeben eine wohlschmeckende Suppe. Am besten nimmt man nur die obersten vier gegenüberstehenden Blätterspitzen, die in wenig Wasser gedämpft werden. Zwei feingehackte Zwiebeln werden in etwas Schmalz gebräunt, mit einem Löffel Mehl überstäubt und mit Wasser abgelöscht. Die Nesseln fein hacken und dazugeben. Mit Salz und Pfeffer abschmecken.**

Sauerampfer-(Sauerlump-) Suppe

250 g Sauerampfer
50 g Fett
1 l Gemüsebrühe
2 EL Sahne oder Molke
2 Kartoffeln
Salz

➔ **Kartoffeln in der Brühe weich kochen und zerstampfen. Die jungen geputzten Sauerampferblätter fein schneiden und in Fett anrösten. In die Brühe geben und noch einmal aufkochen lassen. Mit Salz und Sahne abschmecken.**

Die Suppe von zarten, jungen Brennesselblättern, die von geschützten Stellen und nicht von Wegrändern gesammelt werden sollten, habe ich auf Verlangen meiner Kinder noch jahrelang im Frühling zubereitet. Später habe ich als Verfeinerung ein gequirltes Ei und ein bißchen Butter dazugegeben. Sie schmeckt uns heute noch.

(Gisela Hornig, Dresden)

Wir haben auch die jungen Blätter der Schafgarbe fein gehackt und auf Brotscheiben verteilt.

(Hermann Kraus, Berlin, früher Dresden)

Brennesselauflauf

250 g junge Triebe von Brennesseln (mit Handschuhen pflükken!)
250 g Brot
40 g Fett
1 Zwiebel
1 kleine Stange Lauch
1 Ei
Salz
Gewürze (Liebstöckel, Dill, Bohnenkraut, Basilikum o.ä.)

→ **Die gut gewaschenen Blätter in wenig Salzwasser weich kochen und durch den Fleischwolf drehen. Das Brot in feine Scheiben schneiden und in Fett anrösten. Zwiebel und Lauch kleinhacken und mit den gewiegten Kräutern mischen. Über die Masse schlägt man ein Ei, rührt alles durch, gibt es in eine gefettete Auflaufform und läßt den Auflauf bei guter Mittelhitze im Ofen backen.**

Löwenzahn-(Hundeblumen-, Kuhblumen- oder Maistöcke-) Salat

300 g junge, vor der Blüte geschnittene Löwenzahnblätter
20 g Speck
1 Stange Lauch
1–2 gekochte Kartoffeln
1 EL Essig
1/2 Tasse Milch
1 kleine Zwiebel
Salz

→ **Speckwürfel in der Pfanne auslassen. Lauch und Zwiebel in Ringe schneiden und dazugeben. Die gekochten Kartoffeln in die Pfanne reiben und mit Milch, Essig und Salz gut verrühren. In die lauwarme Tunke gibt man die sorgfältig gewaschenen und feingeschnittenen Löwenzahnblätter und läßt alles gut durchziehen. Der Salat sollte kalt serviert werden.**

Pikanter Gänseblumensalat

→ **Junge, sehr zarte Gänseblumenblätter und einige Blüten kurz waschen und über Nacht in einen Sud aus aufgekochtem Essig und etwas Zucker oder Süßstoff einlegen. Später zwei Tassen kleingewürfelte gekochte Kartoffeln und etwas gehackte Petersilie dazugeben. Eine Stunde durchziehen lassen und auf Salatblättern servieren.**

„Falsche Kapern“ aus Gänseblümchenknospen

→ **Gänseblümchenknospen mit Daumen und Zeigefinger abknipsen, nicht waschen und in ein Schraubglas füllen. Essig darübergießen und kühl stellen.
Die Knospen lassen sich für alle Gerichte verwenden, bei denen Kapern gebraucht werden.**

Eintopf mit Vogelmiere („Vogelmeiers Mäusegedärm“)

500 g Vogelmiere (gesammelt wird das blühende Kraut ohne Wurzeln)
150 g Haferflocken
750 g Kartoffeln
2 l Gemüse- oder Fleischbrühe
50 g Speck oder geräucherte Wurst
Salz

➔ **Vogelmiere waschen und kleinhakken. Kartoffeln schälen und würfeln. Gemüse, Kartoffeln und Haferflocken werden in der Brühe weich gekocht. Ein Viertel des rohen gehackten Gemüses wird zurückbehalten und erst an das gar gekochte Gericht gegeben. Speck oder Wurst würfeln, anbraten und in den Eintopf rühren. Mit Salz abschmecken.**

In jeder Küche standen auf dem Fensterbrett Blumentöpfe mit Kräutern: Petersilie, Schnittlauch, Majoran und anderes. Wenn schon Fleisch, Fett und Gemüse fehlten, dann bekam die Kartoffelsuppe durch die Kräuter wenigstens ein bißchen Geschmack.

(Lilo Schauer, Chemnitz)

Verwendung von Hagebutten

Die großen, reifen Früchte werden von Stiel und Hülse befreit, mit einem groben Tuch abgerieben, halbiert und die Kerne herausgekratzt. Die getrockneten Kerne ergeben einen wohlschmeckenden Tee. Die Früchte an der Sonne trocknen, später waschen und einweichen. Auf 200 Gramm Früchte rechnet man zwei Liter Wasser. Nach 30 Minuten Kochzeit die Masse durch ein Sieb rühren, süßen und als Wildfruchtsuppe servieren. Weiter eingekocht wird daraus Wildfruchtmus, das man auch sterilisieren oder einwecken kann.

Manchmal hatten wir Glück und entdeckten eine milde Sorte Vogelbeeren, die auch ohne Zucker gekocht als Marmelade geeignet war. Die anderen waren so herb, daß es uns die Mundhöhle zusammenzog.

(Hannelore Kuhn, Dresden)

Verwendung von Holunderbeeren

Reife Beeren waschen und mit einer Gabel von den Stielen abstreifen. In wenig Wasser mit einer eingeweichten Brotrinde aufkochen, mit Zitronenaroma oder Zimt abschmecken und nach Bedarf süßen. Die sehr schmackhafte Suppe kann auch durch einige Apfelschnitze verfeinert werden.

Für Holundersaft zerdrückt man die Beeren, läßt sie mit wenig Wasser aufkochen, streicht alles durch ein Sieb, gibt etwas Zucker dazu und füllt den Saft in Flaschen, die man bei 75 bis 100 Grad sterilisiert.

Heidelbeeren wurden aufgekocht und heiß in Weinflaschen gefüllt. Oben wurde die Flasche mit einem Leinenläppchen zugebunden oder man stülpte eine halbe Eierschale darüber. Es bildete sich ein Schimmelpropf, der beim Verbrauch entfernt wurde.

(Christa Wäscher, Bad Düben)

Pilze

Im Herbst fuhren wir mit dem Rad in Richtung Bad Schandau, um Schwämmchen zu suchen. Heute sind ja Kehlchen (Pfifferlinge) sehr beliebt, aber früher nahmen wir alles, was die Körbe füllte, wie Kremplinge und Hallimasch.

(Ludwig Klein, Lübeck, früher Pillnitz)

Ernährungsmäßig begann eine herrliche Zeit, als Pilze in den großen Wäldern wuchsen. Jeden Tag Pilze, gekocht in der Suppe, gebraten oder sauer eingelegt, mit nichts dazu.

Pilzbraten mit Weizenkörnern

- **Weizenkörner werden 12–24 Stunden eingeweicht, dann abgegossen und durch den Wolf gedreht, ebenso reichlich Zwiebeln, gedämpfte Pilze, etwas Sellerie, Petersilienwurzel und reichlich Würzkräuter. Mit Salz und 1–2 Eiern gut vermischen, evtl. noch etwas Tomatenmark dazugeben und zu einem rundlichen Braten formen. Man kann die Masse auch in eine gefettete Kastenkuchenform geben und im Ofen backen. Ist keine Bratröhre vorhanden, dann kleine Klopse formen und in der Pfanne braten.**

Schwammkuchen

- **Altbackenes Weiß- oder Graubrot sehr klein schneiden und mit etwas Milch oder Wasser durchweichen lassen. Feingewiegte Pilze, Salz, Zwiebeln, Petersilie und ein Ei dazugeben, alles gut vermengen und wie ein Eierkuchen in der Pfanne auf beiden Seiten braun backen.**
- **Schmeckt heute noch!**

Zum Glück hatten wir einen einheimischen Pilzkenner und haben diese Zeit ohne Vergiftung überstanden.
(Hannelore Kuhn, Dresden)

Pilze als Wintervorrat

Pilze sauber putzen und in dünne Scheiben schneiden, die dann auf Fäden aufgereiht an der Luft getrocknet werden. Später in geschlossenen Gläsern oder Dosen aufbewahren. Die getrockneten Pilze können auch durch eine Kaffeemühle gedreht werden und für Soßen und Suppen als Pilzmehl verwendet werden.

Eier

Der Mangel an frischen Eiern war schon in den letzten Kriegsmonaten spürbar. Als Ersatz wurde „Milei" - ein Ei-Ersatzmittel, ein durch Eindampfen entrahmter Milch gewonnenes Milcheiweißerzeugnis – angeboten.

Nach Kriegsende erhielten die Verbraucher häufig „Trockenei" als Ersatz für Fleischwaren. Trockenei bestand aus getrockneten, pulverisierten Hühnereiern und konnte im Verhältnis drei Teile Wasser, ein Teil Trockenei zum Backen oder für gebratene Eierspeisen verwendet werden.

Mußte Kuchen ohne Ei gebacken werden, dann verhalf „Eipulverfarbe" zur gewohnt gelblichen Färbung.

Frische Eier hatten in der Nachkriegszeit, besonders in den Städten, Seltenheitswert. Wer über ein Grundstück oder einen Kleingarten verfügte und Baumaterial für einen gut verschließbaren, einbruchsicheren Hühnerstall beschaffen konnte, hielt das begehrte Federvieh als Fleisch-

Rührei

→ **Eine Tasse Wasser oder Molke, drei Eßlöffel Nährhefe und zwei Eier kräftig verrühren, zwei Teelöffel Mehl und etwas Salz dazugeben und zum Quellen zehn Minuten stehenlassen. In einer Pfanne unter Rühren zum Dickwerden bringen. Mit Schnittlauch bestreuen.**

Rührei aus Eipulver ohne Fett

→ **Zwei Eßlöffel Wasser und ein Eßlöffel Eipulver mit etwas Salz verrühren und 30 Minuten quellen lassen. Die Masse in ein Wasserbad stellen, ab und zu umrühren, bis sie flockig ist.**

und Eierlieferant. Großstädter ergatterten mit viel Glück auf Hamsterfahrten ein paar Eier.

Es gab auch Büchseneier, das waren große Blechbüchsen, darin lagen Hühnereier ohne Schale, die ganz schnell verarbeitet werden mußten, weil sie sonst verdarben. Das waren wohl Heeresbestände oder Ami-Verpflegung, die zurückgelassen wurde, als die Russen kamen.

(Susanna Neumann, Leipzig)

Im Herbst gab es manchmal auf Fleischmarken Eier. Wir waren eine große Familie und hatten dann plötzlich 30 Eier. Gerne hätte meine Mutter uns eine riesige Pfanne Rühreier bereitet, aber „sich einmal richtig satt essen", blieb ein Traum. Die Eier mußten für den Winter, wo es keine Eier gab, reichen und deshalb frisch gehalten, d.h. konserviert werden. Meine Mutter benutzte dazu Wasserglas, das es in der Apotheke zu kaufen gab. Die Eier wurden geprüft, ich weiß nicht mehr wie, waren sie frisch, kamen sie in ein großes Gurkenglas und darüber wurde eine Wasserglaslösung geschüttet. Das Glas sah dann ganz schmutzig aus, in dem die Eier schwammen. Sie reichten tatsächlich den ganzen Winter, weil man damals aus einem Ei mit viel Mehl eine Portion Rührei für vier Personen herstellen konnte.

(Inge Kaufmann, früher Riesa, jetzt Nürnberg)

Eierkuchen ohne Ei

→ **125 Gramm Mehl sieben, mit 1/2 Liter Selterswasser zu einem dickflüssigen Brei vermischen, Salz und Eigelbfarbe zugeben und rasch in der Pfanne braten.**

Pikante Eiersoße

→ **Eine dicke Mehlsoße herstellen und eine gewürfelte saure Gurke zugeben. Die Soße pikant mit Salz, Pfeffer, Essig und Zucker abschmecken. Zum Schluß das kleingeschnittene hartgekochte Ei dazu-geben. Schmeckt sehr gut zu Kartoffelbrei.**

Fett

Der Mangel an Fetten wie Butter, Öl, Margarine war besonders groß. Die monatlichen Rationen von 200–300 Gramm, die Schmelz- und Streichfette eingeschlossen, haben den Bedarf nicht annähernd gedeckt. Butter konnte regelmäßig nur an Kinder und Kranke ausgegeben werden, während die übrigen meist mit Öl, Margarine und Talg vorlieb nehmen mußten.

Um Fett zu sparen, tauchte man eine durchgeschnittene rohe Kartoffel oder Zwiebel in Fett und rieb damit die Pfanne aus. Später gab es auch kleine Pinsel zu kaufen, die man in ein Töpfchen mit Öl stellte, um damit Töpfe oder Kuchenformen zu fetten. War gar kein Fett vorhanden, dann buk man Kartoffeln in Malzkaffee.

(Anna Sch., Riesa)

(Frischer Wind 1. Jahrg. 1946)

Volksstimme, 13. Februar 1946

Der Bevölkerung wird bekanntgegeben, daß der nächste Butteraufruf erst Freitag, den 15. Februar 1946, erfolgen kann, da die eingegangene Butter erst noch geformt und abgepackt werden muß.

Fleisch und Wurst

Die auf den Lebensmittelkarten angegebenen Fleischzuteilungen waren in den ersten Nachkriegsmonaten minimal. Pro Monat standen z.B. den Schwerarbeitern 450 Gramm, den Beziehern der geringsten Rationen (zu denen etwa die Hälfte der Bevölkerung gerechnet werden mußte) nur 150 Gramm Fleisch zu.

„Vati, gibst du mir ein Fleisch?" sagte meine 2jährige Tochter beim Abendbrot zu mir. Was gab es zu essen? Wiesenchampignons, die mein älterer Sohn gesammelt hatte und die in einem Tiegel mit Kathreiner Malzkaffee gebraten wurden. Das war das Fleisch der mageren Jahre!

(Eberhard Weiß, Borsdorf)

Wir haben jede Woche einmal beim Fleischer oder in der Wurstfabrik mit eigenen Krügen Fleischbrühe geholt. Dafür mußten wir manchmal bis zu einer Stunde anstehen.

(Ellinor Schneider, Leipzig)

Weil wir in unserem Garten Hühner und Kaninchen fütterten, litten wir nicht so unter der Not. Bei 60 Kaninchen und ständiger Nachzucht konnte unsere 4köpfige Familie sehr oft Fleisch essen. Das Getreidefutter kam von Verwandten vom Land, und für mich war es eine arge Schinderei, mit dem alten klapprigen Fahrrad das Futter nach Leipzig zu holen. Ich war klein und mager damals, aber darauf konnte keiner Rücksicht nehmen.

(Susanna Neumann, Leipzig)

Volksstimme, 5. Januar 1946

Abgabe von Fleisch

Auf eine 50-g-Fleischmarke können wieder wahlweise 200 g Quark oder 150 g Käse und auf 200-g-Fleischabschnitte wieder 3 Eier bezogen werden.

Zu meiner Jugendweihe gab es auch ein Fleischgericht. Es war allerdings Pferdefleisch.

(Ingeborg Schramm, Böhlitz-Ehrenberg)

(...) Einen Balkon (...) nutzten wir für die Ernährung! Wie das? Ganz einfach - dort baute mein Vater einen Kaninchenstall. Woher er in diesen schweren Zeiten das Holz für einen Stall auftrieb, weiß ich nicht, erinnere mich aber, daß er aus gutem Grund die Flächen einiger Bretter nach innen verbaut hatte. Auf jenen war ein dunkelvioletter Stempel zu sehen: ein stilisierter Adler, der ein Hakenkreuz im Kreis seiner Krallen hielt. Das Holz stammte offensichtlich von völkischen Kisten, die vielleicht noch wenige Jahre vorher dem Munitionstransport gedient hatten. Nun pinkelten die Hasen ans Hakenkreuz.
Die junge Republik warb regelrecht für das Halten der possierlichen Nager: „Auch Ihr Kaninchenfell ist ein wichtiger Rohstoff und notwendig für den Wiederaufbau der Wirtschaft.“ Wer hätte das gedacht, daß wir tatsächlich auf unserem Balkon (...) zum Wiederaufbau der ostdeutschen Wirtschaft beitrugen?

(Bernd-Lutz Lange)

Einladung zum Essen bei einem Verleger Dezember 1946
Eine Gans, die der Hausherr tranchierte, schwerer weißer Wein. „Sie haben noch keine Gänse (Plural!) in diesem Jahr gegessen?“ Es war mir ein so ungewohntes Essen, daß es mir nachher schwer im Magen lag. (Preis einer Gans soll über 1000 RM liegen)

(Victor Klemperer)

Falsche Sülze

1 l Wasser
2 Möhren
5 große rohe Kartoffeln
1 Zwiebel
Essig, Salz
Lorbeerblatt, Pfefferkörner

➔ **Die zerkleinerte Zwiebel mit den Gewürzen und dem Essig aufkochen. Weich gekochte Möhren in Scheiben dazugeben. Dann die geschälten rohen Kartoffeln hineinreiben, alles einmal kurz aufkochen, in eine Glasschüssel gießen und erkalten lassen.**

Braten aus Kaninchenfleisch

➔ **300 Gramm Kaninchenfleisch (Bauchlappen, Herz, Lunge und Leber) durch den Wolf drehen, mit 100 Gramm Haferflocken oder Schrot vermengen. Mit Majoran, Pfeffer, Zwiebel und Salz würzen und zu einem Brot formen. In einer gefetteten Kastenform 10 bis 15 Minuten backen.**

Fleischsoße

➔ **125 Gramm Gehacktes mit Wasser, Salz und Pfeffer gut vermengen. In wenig Fett einige feingehackte Zwiebeln anbraten, die Fleischmasse darunterrühren, mit Wasser oder Brühe auffüllen und mit Mehl oder Schrot andicken. Wenn vorhanden, etwas Tomatenmark, Pilzpulver oder zerkleinerten Knoblauch zugeben.**

Fleischklöße (ohne Fleisch)

5 gekochte Kartoffeln
5 geriebene, gut ausgedrückte Kartoffeln
3 EL Hefeflocken (Nährhefe)
Kümmel, Zwiebel, Pfeffer, Salz
Fett zum Braten

➔ **Alle Zutaten gut vermengen und kräftig abschmecken, zu Klößchen formen, etwas breit drücken und in der Pfanne braten. Die Klöße gewinnen an Geschmack, wenn noch kleine Mengen Wurst, Speck oder Kochfleischreste untergemengt werden.**

Volksstimme, 7. Februar 1946

Kaninchenhaltung

Unsere Kaninchen können Kälte, aber keine Nässe und Zugluft vertragen. Wer Rapsstroh und Rapsspreu verfüttert, muß darauf achten, daß es nicht naß oder angestockt ist. Grünfutter, besonders Krautblätter und Markstammkohl dürfen erst nach gründlichem Abwaschen und Ausschneiden, gut abgetrocknet, gegeben werden. Mit Tau behaftetes Grünes ruft die Trommelsucht hervor. Gefrorenes Futter darf nicht gegeben werden.

Volksstimme, 9. Februar 1946

Kaufe laufend Schlachtpferde

Notschlachtung Tag und Nacht
Kurt Müller, Roßschlachterei
Wiederitzsch Bezirk Leipzig
Gegr. 1919, Feldstraße 1, Tel. 5786

Falsche Blutwurst

➔ In 1/2 Liter Knochen- oder Gemüsebrühe eine Tasse Grütze einstreuen und kochen. Zwiebel in etwas Fett rösten, mit der Grütze vermischen. Mit Pfeffer, Salz, Majoran oder Thymian kräftig würzen, schmeckt als pikante Beigabe zu Kartoffelbrei oder Röstbrot.

Verlängerte Blutwurst

➔ Grütze etwas vorquellen lassen. Blutwurst mit wenig Majoran vermengen und alles einige Minuten schmoren lassen. Das Verhältnis sollte zwei Drittel Wurst, ein Drittel Grütze betragen. Diese wohlschmekkende Speise kann heiß zu Kartoffelbrei serviert werden, schmeckt aber auch kalt, auf Röstbrote gestrichen, sehr gut.

Gänsebraten aus Schweinefleisch

➔ Das Schweinefleisch wird mit Salz und Pfeffer eingerieben und zusammen mit ungeschälten Äpfeln in eine Bratpfanne gelegt. Den Braten bei guter Hitze knusprig braun braten. Wenn das Fleisch gar ist, den braunEN Sud von der Pfanne loskratzen, mit kochendem Wasser ablöschen und mit kalt angerührtem Mehl verdicken. Das Fleisch mit den Äpfeln zusammen anrichten.

Hackbraten ohne Fleisch und Fett

➔ Ein Kilogramm rohe Kartoffeln (gerieben), drei oder vier Scheiben Roggenbrot (durch den Wolf gedreht oder feinwürflig geschnitten), etwas Salz, Kümmel, Zwiebel, drei Teelöffel des damals fast überall erhältlichen Mettwurst-, Bratwurst- oder Leberwurst-Gewürzes und 15 Gramm Hefe (oder ein Kaffeelöffel-Backpulver) vermengen. Der Teig wird im Ganzen in ein Tuch gegeben und in kochendes Salzwasser gelegt (genau wie beim Serviettenkloß). Kochzeit: 60 Minuten. Dieser falsche Hackbraten kann warm (mit und ohne Soße) zu Kartoffeln oder Kartoffelsalat, aber auch kalt als Brotbelag gegessen werden.

Innereien gab es damals ohne oder nur auf geringere Abgabe von Fleischmarken. Wenn man mal das Glück hatte, Kuheuter zu bekommen, ergab das schöne große Schnitzel. Das war dann fast ein Festessen.

(Sigrid Kasper, Dresden)

Leipziger Volkszeitung, 14. März 1947

Brauerei-Pferdegespann gestohlen

Am 10. März gegen 13 Uhr wurde ein vor der Gastwirtschaft Bruehl 12 stehendes Brauerei-Pferdegespann gestohlen. Beschreibung: 2 junge Rotschimmel mit schwarzen Pferdedecken, grüner Tafelwagen, auf der Rückwand weißes Schild „Waldschlößchen".

Auch Jhr
Kaninchenfell
ist wichtiger
Rohstoff
und notwendig
für den Wiederaufbau
der Wirtschaft

Rauchspeck
Aroma
50

Ausgang

Häckerle

1 Salzhering
1 Apfel
1 kleine saure Gurke
1 kleine Zwiebel
etwas Essig oder Zitronensaft
1 EL Meerrettich oder Senf
Salz, Pfeffer

→ **Den Hering gut wässern und sehr klein schneiden. Apfel und Gurke fein wiegen und mit den anderen Zutaten vermengen. Dünn aufs Brot streichen und mit Petersilie und - wenn vorhanden - mit einem gekochten und kleingehackten Ei garnieren.**

Gebratene Fischklopse

500 g Fisch oder entgrätete Fischreste
500 g gekochte Kartoffeln
1 Zwiebel
Salz, Pfeffer

→ **Fisch und Kartoffeln durch den Wolf drehen. Die Zwiebel zerkleinern und in etwas Fett bräunen. Alles zu einem Teig vermengen und runde Klopse formen. In einer Pfanne langsam braten.**

Für Fischgerichte eigneten sich auch sehr kleine Fische, wie sie mancher Angler nach Hause brachte. Dazu in einem großen Topf Wasser zum Kochen bringen und darüber ein Tuch spannen. Die kleinen Fische nebeneinander auf das Tuch legen und einen Topfdeckel überstülpen. Durch den Wasserdampf wurden die Fische langsam gedämpft, fielen nicht auseinander, und man konnte sie dann vorsichtig von den Gräten befreien.

Hamsterfahrten gingen auch über die „grüne“ Grenze, zum Beispiel bis nach Hamburg. Hier wurden die letzten vom Krieg übriggebliebenen Wertsachen gegen Bücklinge und Heringe getauscht.

(Ingeborg Schramm, Böhlitz-Ehrenberg)

Leipziger Volkszeitung, Leserbrief 7. Februar 1947

Es gab auf Fleischmarken Fisch. Als ich hinkam, natürlich eine Menschenschlange von schätzungsweise 1000 Personen. Sie warteten geduldig auf die paar Fischlein bei schneidender Kälte von minus 15 Grad, in dürftiger Kleidung, ohne etwas im Magen zu haben.

Rettich- oder Radieschentunke

1 EL Fett
2 EL Mehl
1/2 l Magermilch oder Molke
1 TL Essig
1 Rettich oder einige Radieschen
Salz

- **Fett zerlassen, Mehl darin verrühren und mit der Flüssigkeit auffüllen, aufkochen und ausquellen lassen. Mit Salz und Essig abschmekken, vor dem Servieren den Rettich oder die Radieschen roh hineinreiben oder raspeln. Schmeckt gut zu Kartoffelbrei oder Pellkartoffeln.**
- **Schmeckt heute noch!**

Künstliche Gulaschsoße

- **Eine Zwiebel röstet man in etwas Fett oder Öl braun, zur Verfeinerung kann man eine Scheibe in Würfel geschnittene Knack- oder Mettwurst dazubraten, füllt mit Fleischbrühe (vom Fleischer) oder künstlicher Brühe auf, gibt Salz, Pfeffer oder Paprika, etwas Liebstöckel (Maggi-Ersatz) dazu, läßt alles gut durchkochen und macht die Soße mit etwas Kartoffelmehl sämig. Zuletzt gibt man etwas Soßenbraun und Majoran dazu. Mit dieser Soße munden die Kartoffeln Tag für Tag wie ein Fleischgericht.**

Soße ohne Mehl

- **Ist gelegentlich Mehl knapp, kann man eine helle Grundsoße auch mit Kartoffeln bereiten. Man preßt vier gekochte Kartoffeln heiß durch, verrührt sie mit 1/2 Liter Gemüsebrühe und läßt alles gut durchkochen. Dann gibt man ein wenig Butter oder Margarine, Salz, Paprika, Zitronensaft oder Essig dazu und kann nun durch Beigabe von verschiedenen Kräutern in gleicher Weise Soßen bereiten, als wenn man eine weiße Mehlsoße als Grundlage verwendet.**

Zwiebelstippe

- **Zwiebeln würfeln und in einer Pfanne glasig dünsten. Mehl darüberstreuen, bräunen und eine Weile köcheln lassen. Mit Pfeffer, Salz und evtl. einem Spritzer Essig und einer Prise Zucker abschmekken. Sehr lecker zu Pellkartoffeln.**
- **Schmeckt heute noch!**

Kürbistunke

- **Kürbis in Würfel schneiden und mit Essig besprengt einige Stunden stehenlassen. Den Kürbis mit der evtl. entstandenen Brühe in kochendes Wasser geben und aufkochen. Mit etwas Mehl oder Stärke anrühren und einige Minuten ziehen lassen. Man kann die Tunke auch süßsauer (mit etwas Zucker oder Süßstoff) abschmecken.**
- **Schmeckt heute noch!**

Soße aus Gemüsesalat

- **Aus Salzwasser, Zwiebel, Mehl oder roher, geriebener Kartoffel eine Soße herstellen. Gemüsesalat, der häufig ohne Marken angeboten wird, aber sehr scharf und sauer ist, auf einem Sieb ablaufen lassen und dann in die fertige Soße geben. Schmeckt gut zu Pellkartoffeln oder Kartoffelbrei.**

Rohe-Rote-Rübentunke

3 große rote Rüben
Wurzelwerk (Suppengrün)
Wasser
Salz
Buttermilch oder Magermilch mit Essig

- **Die geschälten roten Rüben auf dem Reibeisen reiben. Saft auf einem Sieb ablaufen lassen und beiseite stellen. Zu den geraffelten Rüben das zerkleinerte Wurzelwerk, wenig Wasser und Salz zufügen und gar dünsten. Zuletzt die Buttermilch und den rohen Rübensaft zugeben. Vorzüglich zu Salzkartoffeln.**
- **Schmeckt heute noch!**

Ostpreußische Tunke

(von Flüchtlingen mitgebrachtes Rezept)

- **Feingeschnittene Zwiebel mit wenig Fett anbraten, etwas Mehl dazugeben und unter Rühren etwas bräunen. Wasser oder Fleischbrühe dazugeben und aufkochen lassen. 1 Eßlöffel Essig und 1/2 TL Sirup dazugeben. Zum Schluß feingeschnittene grüne oder saure Gurke dazugeben und einige Minuten durchziehen lassen. Sehr pikant zu Kartoffeln oder Klößen.**

Quarkmayonnaise

- **Ein Eßlöffel Quark wird in einer Schüssel unter ständigem Rühren mit einem Eßlöffel Öl, einem Eßlöffel Essig, etwas Salz und drei bis vier Eßlöffen Milch oder Brühe vermengt. Die Masse tüchtig schaumig schlagen und mit Würzkräutern je nach Geschmack und Jahreszeit verfeinern.**

Einfache Mayonnaise

- **In kochendes, ganz leichtes Essigwasser (etwa 1/2 Liter) quirlt man einen Eßlöffel Mehl, läßt aufquellen, nimmt es vom Feuer und rührt die Masse während des Erkaltens von Zeit zu Zeit um, damit sich keine Haut bildet. Zum Schluß würzt man mit etwas Zucker und Salz, gießt evtl. noch etwas Essig hinzu, falls die Mayonnaise nicht sauer genug ist.**

Meine Mutter besuchte sehr oft ihre Schwester in Berlin-Zehlendorf und brachte immer ein Säckchen Zucker mit. Daraus wurden Bonbons gekocht, die in einer Blechdose aufbewahrt wurden. Sonntags, nachdem wir aus der Kirche kamen, durften wir einmal in die Dose greifen. Herrlich!

(Irma Fuchs, Göttingen, früher Radebeul)

Haferflocken-Obstauflauf

150 g Haferflocken
1/2 l Milch
1 Ei
30 g Zucker
Salz
etwas Butter oder Margarine
zerkleinertes Obst (Äpfel, Pflaumen, Birnen, Blaubeeren)

➔ **Die Haferflocken werden mit kochender Milch übergossen und bleiben zwei Stunden zugedeckt stehen. Dann mengt man Salz, Zucker und das Eigelb hinzu. In einer gefetteten Backform backt man die Masse etwa zehn Minuten vor. Inzwischen wird das geschlagene Eiweiß mit etwas Zucker und dem Obst vermengt und auf den Auflauf geschichtet. Das Ganze muß dann noch eine halbe Stunde backen.**

Braune Bonbons

100 g Puderzucker
1 EL Milch
1 EL Essig

➔ **Zucker in einer Pfanne bräunen, aber nicht schwarz werden lassen. Wenn vorhanden, Haferflocken, Nüsse oder zerkleinerte Pflaumen- oder Kirschkerne zugeben, umrühren und die Masse auf ein gefettetes Blech schütten, auseinanderstreichen und halb erkaltet in Würfel schneiden.**

Falsche Schlagsahne von Bratäpfeln

➔ **Zwei bis drei in der Ofenröhre gegarte Bratäpfel durch ein Haarsieb rühren, erkalten lassen. 100 Gramm Zucker und ein Eiweiß dazugeben und die Masse tüchtig mit dem Schneebesen schlagen, bis sie weiß und dick ist.**

Leipziger Volkszeitung, 9. Januar 1949

Schokoladenblöcke gestohlen

In den Abendstunden des 6. Januar stahlen Einbrecher in einer hiesigen Firma eine größere Menge Blockschokolade. Es handelt sich hierbei um Schokoladenblöcke von je 10 kg Gewicht. Eine Belohnung (zur Ergreifung der Täter) ist ausgesetzt.

Falscher Schlagrahm mit Beeren

➔ **In 1/2 Liter Milch kocht man 50 Gramm Grieß gar, süßt mit einen Löffel Zucker oder vier Tabletten Süßstoff und würzt mit einem Päckchen Vanillinzucker. Den Grieß rühren, bis er kalt ist, und dann eine Stunde mit dem Schneebesen kräftig schlagen. Dazu gibt man leicht gesüßte Beeren. Diesen Schlagrahm kann man zum Füllen und Verzieren von Kuchen, Törtchen, Cremes usw. verwenden.**

Schlagsahne (einfach)

➔ 1/2 Liter Frischmilch oder Molke und 1/2 Liter Wasser zusammen aufkochen lassen, dann eine rohe Kartoffel schälen und fein reiben, dazugeben, und alles noch einige Male aufkochen lassen. Sehr gut erkalten lassen und am nächsten Tag mit einer Prise Salz und (Vanille-) Zucker schlagen, bis es steif ist.
Die Schlagsahne zu Kuchen reichen.

Magermilchschaum

1/2 l Magermilch
1 EL Mehl
1 TL Kartoffelmehl
1 EL Zucker oder 2 Tabl. Süßstoff
etwas Vanillearoma

➔ Magermilch aufkochen und das mit wenig Wasser angerührte Mehl einrühren und die Masse bis zum nächsten Tag sehr kühl stellen. Am anderen Tag Zucker und Aroma zugeben und die Masse mit dem Schaumschläger von unten her locker aufschlagen, bis sie schaumig wird (ca. 20 Minuten). Ist die Masse dick, kann man noch etwas kalte Milch oder Wasser zufügen. Die Süßspeise ist nahrhaft und sehr sättigend.

Ich erinnere mich an eine besondere Leckerei: Schlagsahne aus Kartoffeln. Drei rohe Kartoffeln fein gerieben, mit dem Schneebesen so lange geschlagen, bis ein weißer dicker Schaum daraus wurde. Dazu etwas Zucker und Mandelaroma.
Ich war 13 Jahre alt, da hatten alle Kolleginnen unserer Mütter ein Betriebsvergnügen. Man schickte mich zum „Fischer-Bäcker", der machte (aus einem Eiweiß) einen ganzen Eimer voll Eischnee, der mit etwas Erdbeersaft rosa aussah. Als ich davon kostete, glaubte ich zu wissen, wie Schlagsahne schmeckt. Richtige Schlagsahne habe ich erst kennengelernt, als ich schon erwachsen war.
(Gisela Hornig, Dresden)

Wir haben damals sehr viel Schlagsahne gegessen. „Falsche" natürlich, die entweder aus geriebenen, rohen Kartoffeln oder aus Molke zubereitet wurde. Molke war Käsewasser und konnte in Milchläden ohne Marken gekauft werden. Wir haben auch aus Milch, die damals schon nach zwei Tagen sauer wurde, Molke hergestellt. Die saure Milch wurde in ein Säckchen gefüllt und an den Wasserhahn gehängt. Was da raustropfte, war Molke und wurde aufgefangen.
Bis die falsche Schlagsahne steif war, mußte kräftig und lange geschlagen werden. Aber nach einem ausgiebigen Schlagsahneessen war man richtig satt und voll. Ich habe mich dann zum Ausruhen auf das Sofa gelegt. Dann kam

ein großer Rülpser, die Luft war raus und der Hunger wieder da.

(Eberhard Weiß, Borsdorf)

Die Bäcker hatten ein Gerät, mit dem sie aus einem Eiweiß und ein wenig Obstsaft eine große Schüssel voll „Schlagsahne" herstellten. War der Schaum fertig, so mußte man mit der großen Schüssel ganz schnell nach Hause rennen, wo die ganze Familie schon mit Löffeln in der Hand wartete. Die „Schlagsahne" mußte schnell verzehrt werden, nach kurzer Zeit war sonst nur ein Bodensatz trüber Brühe übrig.

(Gisela Hornig, Dresden)

Magermilch gab es markenfrei, wir Kinder holten sie in einer Aluminium-Milchkanne, die wir „Milchbraut" nannten. Ein Heidenspaß, wenn wir versuchten, die gefüllte Milchkanne herumzuschwenken, ohne daß ein Tropfen verschüttet wurde. Mein Großvater nannte uns dünne, spillerische Mädchen, wenn wir durchgefroren und vor Kälte zitternd im Winter vom Spielen kamen: „Magermilchmädchen", denn die Magermilch, die wir erhielten, sah auch ganz bläulich aus.

(Christa Taube, Frankfurt/Oder)

Schlagsahne aus Erbseneinweichwasser

1/2 l Erbsenwasser
2–3 EL Mehl
2 EL Zucker oder Fruchtsaft

➔ **Aus dem Einweichwasser getrockneter Erbsen läßt sich eine Süßspeise herstellen. Das Erbsenwasser aufkochen, Mehl und Zucker mit etwas Wasser anrühren und alles aufkochen lassen.**
Über Nacht kalt stellen und dann ca. 20 Minuten kräftig mit dem Schneebesen schlagen. Vorzüglich auch zu Obstkuchen.

Roggenschrot-Schlagsahne

➔ **100 Gramm ganz feines Roggenschrot in eine Schüssel geben und 16 Löffel Wasser zugießen, gut umrühren, 15 Minuten stehenlassen, dann 16 Löffel Wasser zugeben, stehenlassen und nochmals 16 Löffel Wasser hinzufügen und mindestens drei Stunden stehen lassen. Danach kräftig schlagen und nach Geschmack süßen.**

Sirup und Zuckerrüben

Die Zuckerrationen reichten vorn und hinten nicht, und so wurde in ganz Deutschland aus Zuckerrüben „Sirup“ gekocht. Viele Menschen haben weder Aufwand noch Mühe gescheut, aus Zuckerrüben durch Kochen, Auspressen und Eindicken des Saftes den begehrten Sirup herzustellen. Heute ist dieser Brotaufstrich ein Produkt für Liebhaber, in einigen Gegenden als „Rübenkraut“ seit Generationen beliebt und bekannt.

Vergessen ist, daß Zehntausende von Menschen es dem selbstgekochten oder gehamsterten Sirup verdanken, daß sie nicht verhungert sind. Ein Sack Rüben, das war oftmals die Rettung. Eine heute 90jährige Frau erinnert sich: „Mein Vater hatte damals unser Radio für eine Wagenladung Zuckerrüben eingetauscht. Noch heute spüre ich die klammen Finger beim Rübenwaschen, sehe den Saft aus der Handpresse laufen und oben auf dem Sirup den Schaum, der mit einer Kelle abgeschöpft werden mußte. Der Kessel wurde ständig beobachtet, der Inhalt gerührt, damit der kostbare Rübensaft nicht anbrannte.“

Aus Rübenschnitzeln, aus denen wir schon allen Saft gepreßt hatten, versuchten wir einmal Klöße zu machen. Es war furchtbar, was am Ende herauskam, nicht genießbar. Doch wir versuchten es auf alle Fälle. Jeder hatte irgendwelche Ideen, und schöne Rezepte (wurden) weitergegeben. (...) Ich war mit fünf auch schon beim Plündern dabei. Wir wohnten in Leutzsch in der Nähe des Bahnhofs. Es ging damals durch Leutzsch von Mund zu Mund. Ein Zug mit Kesselwagen steht am Bahnhof, darin ist Rübensaft. Alles, was in Leutzsch Beine hatte, setzte sich in Bewegung, Kinder, alte Leute, die Mütter mit den Mädchen vor allem, aber auch Jungs. Mit Krügen, Töpfen – wir hatten eine große Milchkanne für mehrere Liter –, so strömten alle zum

Bahnhof. Bei den Kesselwagen wurden oben die Verschraubungen gelöst. Die Leute hingen darauf, es war irre. Alles wurde ausgeschöpft, keiner kostete, irgendwie waren alle furchtbar aufgeregt. Und dann lief das Zeug an den Wagen herunter, es war wirklich ein Chaos. Wir stürzten wieder davon, um die nächsten Töpfe zu holen, um den Zug wirklich leer zu machen. Einer kostete, und es schmeckte eigenartig, ein bißchen bitter. Wir dachten, vielleicht ist das Zeug bloß sehr konzentriert. Aber es dauerte nicht lange, da ging es wieder von Mund zu Mund: Das ist kein Rübensaft, das ist Melasse, war irgendein Rückstand, nicht besonders gesundheitsförderlich oder sogar giftig. Alle hatten Angst und wollten das Zeug irgendwie loswerden. Bei uns im Hof wurden überall Löcher gegraben, was da gebuddelt wurde, erinnerte an kleine Gräber, Urnengräber – da hinein wurde die Melasse versenkt. Jeder hatte Angst, es könne jemand kommen und sagen, ihr habt das gestohlen. Jeder hatte Angst, es könne ihm etwas passieren. Jedenfalls war es eine furchtbare Enttäuschung, als wir diesen vermeintlichen Rübensaft in die Erde eingraben mußten.

(Ahbe/Hofmann)

Volksstimme, 4. Januar 1946

42.000 Zentner Zuckerrüben geborgen

Eine Hilfsaktion großen Stils fand dieser Tage ihren Abschluß (...). 50 Lastwagen aus Leipzig und Chemnitz haben 23 Tage lang im Kreise Prenzlau-Uckermark 42.000 Zentner Zuckerrüben geborgen, die mangels eigener Verkehrsmittel der Volksernährung verlorengegangen wären. (...). Der Einsatz geschah unter härtesten Bedingungen für Fahrer und Fahrzeuge, oft bei strömendem Regen, grundlosen Wegen oder total ramponierten Straßen (...).

Wurde in der Waschküche Sirup gekocht, dann war für uns Kinder der Höhepunkt, wenn sich obenauf ein köstlicher Schaum gebildet hatte, den wir dann geschleckt haben, bis uns unheimlich schlecht wurde.

(Renate Brix, Leipzig)

Weil Fett, besonders Butter, sehr knapp war, gab es wahlweise für 50 Gramm Fettmarken 150 Gramm „Saft", so hieß der schwarze Rübensirup aus Zuckerrüben. Einmal bat ich so dringend, daß ich mir für eine Wochenration-Fettmarke Sirup kaufen konnte. Da ich diesen Sirup aber nicht nur früh und abends aufs Brot strich, sondern auch zwischendurch naschte, war er bald alle. So hatte ich dann eine halbe Woche nur trockenes Brot zu essen.

(Gisela Hornig, Dresden)

Volksstimme, 12. Januar 1946

Zubereitung von Rübenblatt-Salzgemüse
(Rübenblätter wie Spinat)

Wiederholte Kochproben haben ergeben, daß eingesalzene Rübenblätter geschmacklich und gehaltsmäßig ein vollwertiger Ersatz für Spinat sind. Das zur Verteilung kommende Rübenblatt-Salzgemüse ist durch starkes Übersalzen haltbar gemacht worden. Es muß daher bei der Zubereitung (...) darauf geachtet werden, daß dem Gemüse der starke Salzgehalt durch Wässern entzogen wird. Man verfährt dabei am besten wie folgt: Die ganzen Blätter werden zwei- bis dreimal in reichlich lauwarmem Wasser kräftig gespült und ausgedrückt (nach jemaligem Spülen Wasser wechseln).
Danach läßt man sie in einem Gefäß, mit reichlich Wasser gefüllt, ca. 24 Stunden stehen. Nach ungefähr 12 Stunden soll möglichst das Wasser nochmals gewechselt werden. Nach dieser Behandlung verfährt man wie mit Frischgemüse. Die Blätter werden ohne Zusatz von Salz weichgekocht, durch den Wolf gedreht oder mit dem Wiegemesser verkleinert und wie frischer Spinat zubereitet.

Marmeladen-Napfkuchen

125 g Marmelade
150 g Zucker
500 g Weizenmehl
1 Päckchen Soßenpulver
1/8–1/2 l entrahmte Milch
100 g Rosinen oder getrocknete Backpflaumen
1 Päckchen Backpulver
Backaroma

➜ **Man rührt die Marmelade glatt und gibt nach und nach den Zucker, die Gewürze und das mit etwas Milch verrührte Soßenpulver hinzu. Backpulver und das gesiebte Mehl mischen und mit der übrigen Milch verrühren. Man verwendet nur soviel Milch, daß der Teig schwer (reißend) vom Löffel fällt. Rosinen oder sehr klein geschnittenes Trockenobst werden zuletzt unter den Teig gemischt. Den Teig in eine gefettete Backform füllen und etwa 60 Minuten bei Mittelhitze backen.**

Haselnußkuchen

250 g Haselnußkerne
200 g Zucker
250 g Weizenmehl
1/2 l entrahmte Milch
4 TL Backpulver
Vanillezuckeraroma oder Bittermandel-Backaroma

➜ **Mehl mit Backpulver mischen, die gemahlenen Nußkerne und die übrigen Zutaten verkneten und in einer Form backen. Anstelle der Nüsse können auch gehackte Bucheckern, zerstoßene Pflaumenkerne oder getrocknete Apfelkerne genommen werden.**

Cremefüllung für Torten ohne Fett

1 Päckchen Puddingpulver
1/2 l Milch
50 g Zucker
1 Eischnee

➜ **Eischnee unter den erkalteten Pudding rühren und Torten oder Obstkuchen damit füllen.**

Falscher Bienenstich

125 g Kunsthonig
125 g Zucker
100 g Haferflocken

➜ **Honig und Zucker zergehen lassen, Haferflocken daruntermengen, auf einen Hefeteig streichen und backen.**

Falsche Mohnfülle

70 g gebrühten und getrockneten Kaffee-Ersatz
3 gekochte, geriebene Kartoffeln
etwas Wasser oder Milch
Mandelaroma oder gemahlene Aprikosenkerne
je 1 Eßlöffel Sirup und Zucker

➜ **Alles zu einer geschmeidigen Masse verrühren und in einen Hefeteig mengen.**

Kartoffelkuchen I

➜ **500 Gramm rohe Kartoffeln reiben, mit einer Tasse Grieß und Zucker, etwas Salz und Aroma vermengen und unter den Teig 1 1/2 Löffel Natron mischen. Bei guter Mittelhitze backen.**

Kartoffelkuchen II

500 g Mehl
50–100 g Zucker
75–125 g Margarine
2 Eier
250 g tags zuvor gekochte Kartoffeln
1 Päckchen Vanillezucker
1 Päckchen Backpulver
1 Prise Salz

➔ **Fett schaumig rühren, nach und nach Zucker, Eier, Gewürz und die geriebenen Kartoffeln zugeben. Mehl mit Backpulver mischen, sieben und mit etwas Flüssigkeit und den anderen Zutaten zu einem mittelfesten Teig verarbeiten. Auf ein gefettetes Blech bei starker Hitze ca. 30 Minuten backen. Nach dem Backen mit etwas Fett bestreichen und mit Zucker bestreuen.**

(Stadtarchiv Leipzig ZGS 1945-1990, Nr. 2912)

Meine Mutter hat aus dunklem Mehl Blechkuchen gebakken, Rübensaft (Sirup) mit Weizenschrot vermischt, auf den Teig gestrichen, und das war dann „Bienenstich".

(Ellinor Schneider, Leipzig)

Das Rezept Krümeltorte stammt von meiner Mutter aus der Nachkriegszeit. Ich habe nach meiner Heirat oft diesen Kuchen gebacken. Als mein Sohn vor kurzem in Kalifornien geheiratet hat, bat er mich, ihm dieses Rezept zu schicken. Mit Erfolg wird jetzt Krümeltorte in Santa Monica gebakken.

(Hildegard W., Dresden)

Bericht von einer Hamstertour

Wir marschierten los, Richtung Pegau, Großdalzig, Zitzschen, also in die Nähe von Leipzig. Es war frühmorgens, wir sind um vier losgegangen, alles zu Fuß. Als wir in ein Dorf kamen, waren die Bauern in der Kirche, aber auf einem Hof spielte ein kleines Mädel.
Die sagte zu meinem Vater: „Onkel! Du bist wohl Besuch?"
Mein Vater: „Natürlich. Ich bin Besuch."
„Hast du mir auch was mitgebracht?"
„Eine Schachtel Schuhcreme."
Das war ja auch was, die Creme. Das Mädchen sagte: „Da mußt du reinkommen, Onkel!"
Wir gingen in die Stube hinein, natürlich schlug mir das Herz. Wir sahen auf dem Tisch, das ist keine Lüge, einen riesengroßen Berg Kuchen. Der Tisch war gedeckt für die Zeit nach der Kirche.

Mein Vater sagte zu mir: „Lothar, jetzt ist die Stunde des Glücks gekommen".
Mir schlug das Herz im Halse, ich aß kein einziges Stück Kuchen. Mein Vater aß und goß sich auch noch Milch ein und so weiter. Ich hatte solche Angst, ich guckte immer nur hinaus, ob nicht einer kommt. Mein Vater (zu dem) Mädchen: „Sag mal der Mami einen schönen Gruß von uns, wir können nicht so lange warten, aber der Onkel nimmt sich noch was mit." Er packte (ein) paar Stücke Kuchen ein, und dann liefen wir los, auf und davon.
Das ist verjährt. Jetzt in der Rückschau erscheint es einem lustig. Damals hatte ich große Angst.

(Ahbe/Hofmann)

Bienenstich

2 Tassen weiße Bohnen
1 Tasse klaren Zucker
2 Esslöffel Gries
Mandelaroma

- - - - - - -

üblicher Teig.

oder 200 - 250g gelbe geschälte Erbsen etwa 12-15 Stunden einweichen.

Kaffeetorte

1 Tasse Kaffee-Ersatz
1 Tasse Mehl
1 Tasse Zucker
1 Tasse Grieß oder Haferflocken
1 geriebener Apfel
etwas Aroma
Backpulver

→ **Die Zutaten mit etwas Wasser oder Milch zu einem Rührteig verarbeiten und in einer Form backen. Nach dem Erkalten in drei Teile schneiden und mit Marmelade oder Pudding füllen.**

Krümeltorte

2 Tassen Mehl
2 Tassen Haferflocken
2 Tassen Grieß
1 1/2 Tassen Zucker
1 Päckchen Backpulver
etwas Aroma

→ **Die Zutaten verrühren, bis der Teig krümelt. Die Hälfte des Teigs auf den Boden einer Springform verteilen, etwas andrücken. Marmelade oder Sirup darübergeben, den restlichen Teig darüberkrümeln und bei mittlerer Hitze backen.**

Wintergetränk

1/2 l Magermilch
1 TL schwarzer Tee
1 Prise Vanillezucker
20 g Zucker
1 Ei
1 EL Kartoffelmehl

- **Milch mit Tee aufkochen und zehn Minuten ziehen lassen. Durch ein Sieb geben und mit Zucker und Vanillezucker abschmecken. Ei mit Kartoffelmehl verquirlen und in den Tee geben. Unter Rühren noch einmal kurz aufkochen lassen.**
- **Schmeckt heute noch!**

Brausepulver

50 g Weinsteinpulver
50 g Natronpulver
150 g Puderzucker

- **Die Zutaten gut vermischen, am besten in einem verschlossenen Glas schütteln.**
  Für ein Glas Brause schüttet man einen Teelöffel Pulver in ein Wasserglas und füllt mit kaltem Wasser auf. Wenn vorhanden, einige Tropfen Himbeersaft dazugeben.

Im Sommer bestand unsere „Limonade" aus Essigwasser, mit etwas Zucker oder Süßstoff gesüßt.

(Bernd K., Dresden)

Für den Winter sammelten wir jede Menge Blätter für Tee. Im Frühjahr die Huflattichblätter, im Herbst die Blütendolden der Schafgarbe. Waren Himbeeren und Brombeeren abgeerntet, wurden die Blätter noch für den Winter gepflückt.

(Charlotte Müller, Liebertwolkwitz)

Die Samen von süßen Lupinen wurden geröstet, gemahlen und als „Bohnenkaffee" gekocht.

(Anna Sch., Riesa)

Jungbier

- **Vier Liter Wasser kochen und kalt werden lassen. Drei Liter Wasser mit 250 Gramm Malzkaffee kalt ansetzen und 24 Stunden stehenlassen. Danach mit zehn Gramm Hopfenblüte eine Stunde lang kochen, durchseihen und 500 Gramm Zucker einrühren, das abgekochte Wasser zugeben und abkühlen lassen. 50 Gramm Hefe verdünnen und zugeben. Zwei bis vier Tage gären lassen und, nachdem der Schaum abgeschöpft ist, in Flaschen füllen. Nach acht Tagen ist das Gebräu trinkfertig, steigt aber in größeren Mengen getrunken leicht zu Kopf.**

Tannennadel-Tee

- **Wer im Winter elend, müde und von der Grippe bedroht ist, sollte dieses sehr wirksame Heilgetränk gegen Vitamin-C-Mangelerscheinungen probieren.**
  Nadeln von Tannen und Fichten pflücken – nicht vom Waldboden aufsammeln – und mit einer rostfreien Schere fein schneiden. Auf 25 Gramm Tannennadeln rechnet man 1/4 Liter kochendes Wasser. Der Tee muß fünf Minuten ziehen, dann durch ein Sieb geben und schlückchenweise trinken. Wenn vorhanden, mit etwas Süßstoff servieren.

Leipziger Volkszeitung, 7. Januar 1949

Tropfen, die zum Verhängnis wurden (Bericht aus dem Schöffengericht vom 4.1.1949 gegen 14 ehemalige Bahnpolizisten)

Die Angeklagten hatten im Sommer 1948 die Aufgabe, stehende und durchlaufende Güterzüge auf dem Bahnhof Plagnitz zu bewachen. Ein Wachtmeister entdeckte dabei einen Waggon, der undicht geworden war und tropfte! Er untersuchte die mysteriöse Flüssigkeit näher und stellte fest, daß es sich um 96prozentigen Sprit handelte! Sollte er dieses kostbare Naß in den Schmutz tropfen lassen? Nein! Also stellte er behende eine Büchse darunter. Tropfen kam zu Tropfen und füllte bald eine Flasche, die dem hauptverantwortlichen Hauptwachtmeister auf den Tisch gestellt wurde. Dieser verfügte unverzüglich, ein Schlossermeister sollte die undichte Stelle abdichten. Leider blieb der Erfolg aus, und so tropfte es lustig weiter. Die Bahnpolizisten hatten der Sache inzwischen Geschmack abgewonnen. Freilich perlte ihnen das edle Naß zu langsam, und so half man mit einem Schraubenschlüssel „nur ein ganz klein wenig nach". Das genügte, um in einigen Tagen eine kleine Batterie von Flaschen zu füllen. Der so gewonnene Sprit wurde gegen Lebensmittel vertauscht, z.T. selbst verbraucht, und ein Kanister von 4 1/2 Litern wurde nach Berlin verschoben.

Wiesenwein (aus Löwenzahn/Hundeblume)

1 kg Löwenzahnblüten
4 l kochendes Wasser
500 g Zucker
Weinhefe

- **Im Frühsommer werden die honigreichen Blütenköpfe gesammelt, gewaschen und mit dem kochenden Wasser übergossen. Sofort den Zucker zugeben, umrühren und alles 24 Stunden stehenlassen. Danach alles durch ein Sieb geben und die Flüssigkeit mit Weinhefe vergären, wie bei Obstweinen üblich.**

Honig-Heißgetränk

- **In einem Liter Wasser kocht man einige Stielchen Majoran kräftig aus. Dann nimmt man sie heraus und läßt 100 Gramm Kunsthonig in dem Wasser zergehen. Zum Schluß etwas Zitronenaroma zugeben.**

Kakao aus roten Rüben

- **Rohe rote Rüben fein raspeln und in der Ofenröhre trocknen. Die harten Schnitze in der Kaffeemühle zu feinem Pulver mahlen und nochmals kurz in der Pfanne rösten. Mit Milch oder Wasser aufkochen, etwas Zucker, Zimt oder Vanillearoma zugeben. Man erhält ein wohlschmeckendes, kakaoähnliches Getränk.**

Meine Eltern feierten oft mit Freunden und Bekannten. Dazu wurde selbstgemachter Hagebuttenwein getrunken.

(Uta Kupfer, Markkleeberg)

Als Getränke standen Malzkaffee, den Großmutter, wenn Gerste zur Verfügung stand, in der Rösttrommel selbst fertigte, an besonderen Tagen Wein aus eigenem Anbau (Meißen) zur Verfügung.

(Dr. Dieter Panier, Ilmenau)

Zu meinen Erinnerungen als Schwesternschülerin gehört, daß ich häufig übers Wochenende zu meiner Oma aufs Land fuhr. Der Stationsarzt sagte dann zu mir: „Anita, bring ein paar Eier mit.“ Daraus wurde dann mit Zucker und Alkohol, der irgendwie im Krankenhaus vorhanden war, Eierlikör fabriziert. Manchmal hatten wir einen richtigen Schwips.

(Anita Z., z.Zt. USA)

Rückgabe von Flaschenkorken

Es besteht z.Zt. eine außerordentliche Knappheit an Korken. Diese Knappheit an Korken wird in der nächsten Zeit wahrscheinlich nicht behoben werden, da Schwierigkeiten bei der Einführung des zur Herstellung von Korken benötigten Korkholzes bestehen.

Es wird daher angewiesen: Sämtliche anfallenden Korken aus Spirituosen- und Weinlieferungen sind an die jeweiligen DHZ Innere Reserven oder an die Produktionsfirmen gegen Berechnung zurückzuliefern. Korken aus Traubenschaumwein-Lieferungen sind der Sektkellerei in Freyburg a.d. Unstrut gegen Berechnung zurückzuliefern. Von der Rücklieferung wird eine ausreichende Belieferung unserer Gaststätten mit Spirituosen, Weinen und Traubenschaumweinen abhängen.

(Anweisungen und Mitteilungen der HO-Gaststätten Zentrale Leitung Berlin, den 27. Februar 1952)

Vorratshaltung

Wir waren als Flüchtlinge in der Nähe von Görlitz. Verwandte meiner Mutter waren beruflich viel in Ungarn und Rumänien unterwegs und brachten – damals sicherlich ein Wunder – riesige Mengen Knoblauch mit. Nach einem Rezept aus einem alten Kochbuch legte meine Mutter diese Schätze in Essig ein und fand dafür besonders in der kalten Jahreszeit viele Abnehmer. Auch die Russen haben diese Zusatznahrung sehr geschätzt, und es wurde ein heiß begehrtes Tauschgut. Knoblauch ist gesund, und nach diesem Rezept lege ich mir Jahr für Jahr einen Vorrat an!

(Elisabeth K., jetzt Nürnberg)

Im Herbst 1949 oder 1950 hatten wir eine reichliche Ernte von Tomaten. Weil aber plötzlich kühles Wetter einsetzte,

Eingelegter Knoblauch

500 g Knoblauch
1/2 l Essig
Pfefferkörner, Pimentkörner
4 Lorbeerblätter
2 Nelken
4 TL Zucker
1/2 l Wasser

➔ **Wasser, Essig und die Gewürze fünf Minuten kochen lassen, dann die geschälten Knoblauchzehen hineinlegen und nochmals kurz aufkochen. Alles gut durchziehen lassen und in kleine, gut verschließbare Gläser füllen. Die Zehen eignen sich als Brotbelag, geben gemischtem Salat einen würzigen Geschmack, oder man ißt sie wie Knabberzeug zu einem Glas Wein.**

➔ **Schmeckt heute noch!**

Marmelade aus grünen Tomaten

➔ **Grüne Tomaten waschen, vierteln und mit sehr wenig Wasser gar kochen. Durch ein Sieb streichen und mit Zucker, Anispulver oder Fenchelsamen mischen, aufkochen lassen, heiß in Gläser füllen und diese zubinden. Grüne Tomaten lassen sich auch zusammen mit Kürbis oder Pflaumen zu Marmelade kochen. Nimmt man reife Äpfel und grüne Tomaten, dann etwas Zitronenaroma zufügen.**

wurden die Tomaten nicht rot, sondern mußten körbeweise grün abgenommen werden. Ich weiß noch, daß alle möglichen Rezepte probiert wurden, um die kostbaren Früchte für den Winter haltbar zu machen.

(Elisabeth K., jetzt Nürnberg)

Im Herbst wurde Saft gekocht und in Flaschen abgefüllt. Für Gelee gab es eine praktische Methode. Ein Küchenhocker kam umgedreht auf den Küchentisch. Ein Tuch oder auch eine Babywindel wurde an den vier Hockerfüßen befestigt und darunter eine Schüssel gestellt. Der Obstbrei kam oben hinein und lief langsam, meist über Nacht, durch. Der Saft wurde ganz klar und konnte mit Zucker zu Gelee verarbeitet werden.

(Herta K., Dresden-Neustadt)

Jedes Stück Obst wurde verarbeitet, jeder Fallapfel kam in die Küche. „Ringäpfel" hießen die Apfelscheiben, die man im Backofen trocknete und die im Winter wunderbar schmeckten.

(Berta K., Pirna)

Im Herbst wurde jeden Tag eingekocht, wir sagten „eingeweckt". Da gab es einen riesigen Topf, in den ein Einsatz gestellt wurde, die Gläser mit Obst oder Gemüse mußten mit Gummiring und Deckel verschlossen sein. Darüber wurde noch eine Klammer befestigt. Dann kam Wasser in den Topf und alles wurde gekocht. Die Gläser durften nicht heiß herausgenommen werden, sondern mußten im Topf abkühlen. Wir Kinder warteten solange in der Küche, bis die Gläser herausgenommen wurden. Denn dann kam die Stunde der Wahrheit. Die Klammer kam ab und Mutti probierte ob das Glas „zu" war. Großer Jubel bei uns, wenn der Deckel sich leicht öffnen ließ. Wir durften dann das Kompott gleich an Ort und Stelle aufessen, aber für den langen Winter hatten wir dann ein Glas Eingewecktes weniger.

(Brünnhilde L., Früher Dresden, jetzt Bad Steben)

Wir hatten einen Garten, und es wurden viel Stangenbohnen und Erbsen angebaut. Es gab im Handel Blechbüchsen, und meine Mutter hat dann die Büchsen mit Gemüse gefüllt und Wasser zugegeben. Wir sind dann mit einem Wägelchen oder Rollfix mit samt den Büchsen durch die Straßen gefahren zur Dosenschließzentrale. Dort wurden die Deckel geliefert und jede einzelne Dose maschinell verschlossen. Zu Hause hat dann meine Mutter die Büchsen in dem großen Einweckapparat gekocht. Die Dosen wurden aufgehoben und später zum Kürzerschneiden gebracht und wieder zum Einkochen verwendet.

(Ellinor Schneider, Leipzig)

Bohnen, Möhren und Sellerie wurden auf Kuchenbleche gebreitet und beim Bäcker für 10 Pfennige pro Blech getrocknet.

(Susanna Neumann, Leipzig)

Weißkohl mit grünen Tomaten

- 4 kg Weißkohl
- 4 kg in Streifen geschnittene grüne Tomaten
- 5 in Scheiben geschnittene Zwiebeln
- 1/2 Tasse Salz
- 2 1/2 l verdünnter Einmachessig
- 500 g Zucker
- Gewürze wie Nelken, Ingwer oder Pfefferkörner (auch Ersatz)

→ **Alles vermengen und über Nacht stehenlassen, bis sich Saft gebildet hat. Den Saft ablaufen lassen und mit Essig, Zucker und den Gewürzen aufkochen und über die Weißkohl/Tomatenmasse gießen. In Steintöpfe schichten, ein Tuch darüberlegen und mit Brett und Stein beschweren. Später als Rohkostsalat oder gekocht wie Sauerkraut verwenden.**

Volksstimme, 9. Februar 1946 (Anzeige)

Einkochgläser zu kaufen gesucht. Angeb. Dr. Seidel, Leipzig W 32, Diezmannstr. 81

Selbstversorgung

Kleingärten und Tabak

Überall waren Kleingärten, auch in Grünanlagen und Parks. Die Leute bauten Gemüse an, besonders Weiß- und Rotkohl. Im Herbst wurde viel gestohlen, die Leute klauten die Kohlköpfe, so daß nur noch die äußeren Blätter da waren.

(Ingeborg Schramm, Böhlitz-Ehrenberg)

Rundbrief für die Helfer der Volkssolidarität, Kreisausschuß Leipzig, Ende April 1949

Unter dem Stichwort „Die Sonnenblume hat das Wort" wurden die Leser aufgefordert, im Garten, am Feldrand, an Wegrändern, auf Brachland, selbst auf Trümmern unserer kriegszerstörten Städte Sonnenblumen anzupflanzen. Leider gab es in Leipzig nur wenig Samen, Kleingärtner wurden zu großen und kleinen Samenspenden aufgefordert.

(Stadtarchiv Leipzig ZGS 1945–1990, Nr. 344)

Wer ein Stück Land, das 12 Meter lang und 11 Meter breit iſt, richtig bewirtſchaftet, gewinnt hieraus ſoviel Kartoffeln, Gemüſe und Obſt, wie er normalerweiſe im halben Jahr verbraucht!

Dr. Seiff
Hauptsachbearbeiter für Gartenbau
beim Magistrat Berlin – Abteilung für Ernährung

Im Herbst wurde um jede Sonnenblume ein Tuch gebunden, damit kein Vogel den Samen stehlen konnte.
(Charlotte Müller, Liebertwolkwitz)

Wer einen Garten hatte, konnte Hühner halten, und die Eier bereicherten den Küchenzettel. Wir Kinder mußten Ähren sammeln, damit wir Futter für die Hühner hatten. Meine Eltern haben im Garten auch Mohn angebaut, daraus wurde Öl gepreßt.
(Karla Warnke, Leipzig)

Jeder brauchbare Fleck Erde wurde umgegraben, Tomaten und Gurken wuchsen sogar an Straßengräben und Bahndämmen. Wurde Hufschlag vernommen, stürzte, wer konnte, ins Freie, um anfallende Pferdeäpfel sofort zur Düngung einzusammeln. Karnickelmist wurde vornehmlich unter die jungen Tomatenpflanzen gezogen, was ansehnliche Früchte förderte.
(Peter Thomas, Kirchberg)

Meine Tante erzählte uns oft von den schrecklichen Zeiten nach 1945. Sie wußte aber auch Lustiges zu berichten. So wurde im Garten des Krankenhauses, in dem sie arbeitete, Gemüse angebaut. Besonders erfolgreich war die Tomatenernte, armdicke Stauden mit vielen Früchten. Das Geheimnis? Als „Dünger" verwendete man die Reste der Blutabnahme-Spritzen.
(Karin Sommer, Petersdorf)

(...) Gang durch die Güntzstr: ihre Villen sind alle zerstört, um jede Villa wächst gepflegtes Gemüse, am Tor der Name des Pächters oder der Pächter, häufig die Warnung: Betreter werden als Plünderer verfolgt!

(Victor Klemperer)

Überall wurden Kleingärten und Parzellen angelegt. In Leipzig sogar auf der verschlammten Fläche des 100 m breiten und kilometerlangen Elsterflutbettes, das zu dieser Zeit durch die Zerstörung der Ablaufwehre fast ausgetrocknet war.

(Rosemarie Starke, Leipzig)

Meine Tante war stolze Pächterin eines Kleingartens. In der schweren Zeit hat sie uns davon ein Stück zur Bearbeitung abgetreten. Da gab es dann Erdbeeren, Himbeeren, aber auch Bohnen, Kohlrabi und Tomaten. Dafür mußten wir von zu Hause eine halbe Stunde mit der Straßenbahn fahren und dann noch mal gut eine halbe Stunde laufen. Und das oftmals alle zwei bis drei Tage.

(Sigrid Kasper, Dresden)

Ich habe ab 1945 eine Lehre als Bäcker begonnen und erinnere mich noch an Begebenheiten, die damals wichtig waren. Mein Lehrmeister war ein starker Raucher und baute auf seiner Gartenfläche Tabak an. Schon die ersten unteren Blätter, die sogenannten „Sandblätter", mußte ich

ernten. Seitlich des Backofens war eine kleine Röhre, hier kamen die Tabakblätter hinein, sie waren im Handumdrehen trocken. Mein Meister kehrte dann alles sorgfältig heraus und drehte sich eine Zigarette. Es stank fürchterlich, aber es war eine Zigarette.
Profis unter den Rauchern haben die Blätter zuerst fermentiert. Jeder hatte sein Geheimrezept. Da wurden die Blätter in einen Karton geschichtet und mit Zuckerwasser oder Pflaumensaft benetzt, damit sich die Fermente, auch Enzyme genannt, entwickeln konnten.
Im Herbst mußte ich die kahlen Stengel der Tabakpflanzen vom Feld holen. Sie waren mitunter 2 Meter hoch und armdick. Alles wurde gebündelt und kam auf den Backofen, wo sie im Laufe des Winters prasseldürr wurden. Nach und nach holte ich die Stengel vom Ofen, zerkleinerte sie, und mein Meister hatte wieder etwas zu rauchen. Es stank noch fürchterlicher. Übrigens haben die Soldaten der Roten Armee dasselbe geraucht. Sie nannten es „Machorka“, wir „Stalinhächsel“.
(Alfred Uhlmann, Dresden)

Lager- und Transportvorschriften für Zigaretten in Weichpackungen
Vom Staatssekretariat für Nahrungs- und Genußmittelindustrie wird uns mitgeteilt, daß in nächster Zeit mit der Ausgabe von Zigaretten in Weichpackungen zu rechnen ist. Zur Vermeidung von Verlusten (...) sind die nachstehenden Vorschriften unbedingt einzuhalten. (...)

Volkszeitung (Dresden), 1. Oktober 1946

Tabakkleinpflanzer! Sie erhalten bei der bekannten Wela-Tabakfabrik, Dresden A 29, Gottfried-Keller-Str. 85, ihren erbauten Tabak unter Beimischung von ausländischen Tabaken als Fein- oder Krüllschnitt umgetauscht. Bei Anlieferung von trockenem Tabak sichern wir Ihnen fachmännische Bearbeitung u. billigste Berechnung zu.

Beim Beladen von Fahrzeugen ist besonders darauf zu achten, daß alle Pakete im Fahrzeug festliegen, also nicht durcheinander fallen können, da sonst Beschädigungen der Pakete und damit der Zigaretten unvermeidlich sind.
Beim Beladen der Fahrzeuge müssen, wenn verschiedene Packungsarten zum Versand kommen, die Weichpackungen immer zuletzt eingeladen werden, damit sie am wenigsten einem Druck ausgesetzt sind.

(Anweisungen und Mitteilungen der HO-Gaststätten Zentrale Leitung Berlin, den 27. Februar 1952)

Mein Vater hat den Vorgarten zum Tabakanbau genutzt. Die großen Blätter wurden später auf Draht gefädelt und auf dem Dachboden getrocknet. Dann mußte ich sie mit einer kleinen Hebelschere in feine Streifchen schneiden. Mein Vater besaß ein aus einer Blechschachtel gefertigtes Zigarettendrehgerät, mit dem er sich seine „Glimmstengel" selbst drehte.

(Christine Seidemann, Cossebaude)

Auf einem Gartenfest habe ich mal ein Gedicht über die Kippenraucher vorgetragen. Zwei Strophen sind mir noch im Gedächtnis. Damals hat man sich nicht geschämt, jede Kippe aufzuheben.

(Ernst Kuhn, Berlin, früher Dresden)

Wenn ich so auf der Strasse geh,
Halt ich den Kopf geneigt,
Ob ich nicht einen Stummel seh,
Der für drei Züge reicht.
Und find ich ihn, freu ich mich sehr,
Falls er sogar noch brennt,
Dann spar ich auch noch Streichhölzer:
Das ist mein Kontingent.

Wenn ich so auf der Strasse geh,
Dann tu ich ganz betrübt,
Ob ich nicht einen Stummel seh,
Der noch zwei Züge gibt.
Ich bück mich schnell und steck ihn ein,
bevor mich einer sieht.
Es würde mir doch peinlich sein,
Wünscht man mir Guten Appetit.

Leipziger Volkszeitung, 26. Mai 1949

Tabakanbau lohnt sich

Der Tabakkleinpflanzer erhält in diesem Jahr für seinen geernteten Tabak Zigaretten zu 10 Pfennig und auch Rauchtabak besonders preisermäßigt. Nur der eigene Tabakanbau sichert diese Preisvergünstigung und die Eigenversorgung, da Tabakwaren weiterhin nur gegen Raucherkarte abgegeben werden. Jeder Gartenbesitzer ist berechtigt, bis zu 99 Pflanzen anzubauen. Die Gärtnereien liefern jetzt hochwertige Tabakpflanzen, die jetzt auszupflanzen sind.

Festtage und Notmenüs

Wir heirateten im Februar (1949), die Feier fand im Ratskeller in Leipzig statt. Zu dieser Zeit war der Ratskeller nicht in der Lage, eine Hochzeitsgesellschaft entsprechend zu versorgen. Mein Vater war damals in Hamburg und schickte uns von dort zum Beispiel Ölsardinen. Das war die Vorspeise. Das Hauptgericht mußten wir selbst beschaffen. Ich fuhr mit meiner Mutter nach Schönau bei Leipzig. Das war eine Gegend mit schon dörflichem Charakter. Natürlich mußten wir etwas zum Tauschen anbieten können, auch 1949 noch. Ich hatte Beziehungen zu Konservenringen, die waren damals sehr beliebt, und auch Essigessenz wurde von der Landbevölkerung gern genommen. Wir fuhren mit den Konservenringen nach Schönau (...) und konnten dafür zwei Kaninchen tauschen. Die Kaninchen brachten wir zum Koch in den Ratskeller. Der servierte uns daraus einen schönen Hochzeitsbraten.

(Ahbe/Hofmann)

In jenen Tagen war etwas Eßbares das größte Geschenk. Worüber freute sich unsere Familie anläßlich der Konfirmation meines Bruders Martin 1947 am meisten?
Das Geschenk war ein Eimer Kartoffeln. Und obenauf lagen drei Heringe! Am nächsten Tag unterhielten sich die Konfirmanden über ihre Geschenke, die nach Pfunden berechnet wurden. Der Sieger war jener mit zwei Dreipfundbroten.

(Bernd-Lutz Lange)

Fastnachtspfannkuchen(ersatz)

→ **Runde weiche Brötchen aufschneiden und innen mit etwas Zuckerwasser beträufeln. In die Mitte des unteren Brötchenteils einen Klecks Marmelade legen, das Oberteil darüberklappen. Die Brötchen in der Pfanne auf beiden Seiten braten und später mit Zucker bestreuen.**

Zu meiner Konfirmation bekam ich von einer Bekannten, die in einer Großküche arbeitete, einen Eimer rohe, geriebene Kartoffeln. Ich war glücklich. Es gab rohe Klöße, Mutter zauberte etwas Soße (ohne Fleisch) dazu, und als Kompott aßen wir „Rote Grütze" aus roten Rüben.

(Erika Tottewitz, Leipzig)

Die Geselligkeit spielte in den Nachkriegsjahren eine große Rolle. Bei den in unserem Bekanntenkreis häufig gefeierten Festen gab es vor allem selbstgekelterten Obstwein zu trinken. In der Nachbarschaft gab es eine Obstpresse, und ich kann mich noch sehr gut erinnern, daß im Herbst auf dem Küchenschrank mehrere Ballons Obstwein „glucksten".

(Christine Seidemann, Cossebaude)

Feiern in Gaststätten

Viele Menschen suchten Abwechslung und Unterhaltung in den Tanzlokalen. Man hoffte dort auf einen Partner fürs Leben – oder für Schiebergeschäfte. Die Tanzkapellen schossen wie Pilze aus der Erde, sie ließen Schlager erklingen, die Tanzflächen waren immer rappelvoll. An der Spitze stand lange Zeit das Lied von den „Caprifischern", meist wirkungsvoll im Rudi-Schurike-Stil von einem Baßbariton vorgetragen.

Eine Kleinigkeit zu essen konnte man beim Kellner bestellen: durch Einsalzen konservierten Rübenblätterspinat und Zwiebelgemüse gegen Abgabe von Fettmarken.
Im Messehaus Petershof waren einige Fässer eingefrostetes Gemüse (Möhren, Erbsen, Kohlrabi, Rübenblätterspinat) übriggeblieben. Das Angebot war auf einer aushängenden Tafel abzulesen.

Am 14. November 1946 wurde angeboten:

1 Tasse Suppe nach Ochsenschwanzart	*–, 25*
Bunte kalte Platte – 50 g Brotmarken	*–, 90*
Garnierter Sellerie (Rezept s. S. 97) – 50 g Brotmarken	*1, 30*
Spezial-Gemüseplatte – 50 g Brotmarken	*1, 50*
1 Gl. Aquavit 2,5 cl	*1, 65*

Das Eßbesteck, bei der Sektkellerei Freyburg entliehen, wurde nur gegen Pfand ausgeliehen. Das Getränkeangebot umfaßte Einfachbier, Faßbrause, Selterswasser, Apfelsaft, Spirituosen und Brühe.

(Leipziger Gastronomie)

11

Bild 2: Speisenkarte der Freien Gaststätte aus dem Jahre 1948 /23/

Freie GASTSTÄTTE
Leipzig C1 · Katharinenstraße 12 · Tel. 63021

Leipzig, den 8. Dez. 1948

T i s c h z e i t:
Mittag von 12.oo – 14.3o Uhr
Abend " 18.oo – 21.3o "

S p e i s e n k a r t e
Nur Fleischmarkenabgabe

Kleines Gedeck: (1oo gr. Fleischmarken)

Leg. Gemüsesuppe
Rinderbraten mit Karotten – Salzkartoffeln — DM 7.3o
(4oo gr.Kart., 1oo gr.Fleisch, 15 gr.Butter, 5o gr.Mehl
25o gr.Gemüse, 5o gr.Nährm., 3o gr. Zucker)

Grosses Gedeck: (1oo gr. Fleischmarken)

Leg. Gemüsesuppe
Gebr.Hering mit Kartoffeln
Rinderbraten mit Makkaroni
-Süsspeise- — 12,–
(2oo gr.Kart., 75 gr.Nährm., 15o gr.Fisch,
1oo gr.Fleisch, 2o gr.Butter, 1oo gr.Mehl,
5o gr.Nährm., 3o gr.Zucker)

Fleischgerichte: (1oo gr.Fleischmarken)

Schweineschnitzel mit Grünkohl – Salzkartoffeln — 4.5o
(4oo gr.Kart., 1oo gr.Fleisch, 25o gr.Gemüse,
15 gr.Butter, 1o gr.Mehl)

Rinderbraten mit Makkaroni — 6.65
(15o gr.Nährm., 1oo gr.Fleisch, 15 gr.Butter, 3o gr.Mehl)

Fischgerichte: (ohne Fleischmarkenabgabe)

Gebr.Hering mit Kartoffelsalat — 7.35
(4oo gr.Kart., 25o gr.Fisch, 1o gr.Butter, 3o gr.Mehl)

Gemüseplatte,garniert — 4.4o
(2oo gr.Kart., 1o gr.Butter, 5o gr.Mehl, 75o gr.Gemüse)

Bedienungsgeld wird nicht erhoben. Das Bedienungspersonal ist angewiesen sofort zu kassieren.

(Leipziger Kulinarien Heft 6)

Und die Getränke? Stundenweise gab es auch Alkolat, eine Art Wermutgetränk mit seichtem Alkoholgeschmack, ansonsten Dünnbier und Limonade. Für Gäste, die heimlich stärkere Getränke einschleusten, nach deren Herkunft niemand fragte, gab es die sinnige Einrichtung eines Korkengeldes, die den Wirt an diesem Geschäft teilhaben ließ. Groß waren die Zechen nicht.

(Leipziger Gastronomie)

In Dresden hatte sich (1948) eine Landesleitung für den volkseigenen Handel etabliert, die nun die Eröffnung der ersten „Freien Gaststätten", auch in Leipzig, in die Wege leitete. Aber Hilfe kam ebenfalls von der Sowjetischen Militäradministration (SMAD), die Intourist (GmbH) beauftragte, die Gastronomie in Gang zu bringen. Die ausgedehnten Kellerräume (des Auerbachschen Kellers) waren die idealen Lagerräume für den nun aus der Sowjetunion einsetzenden Warenstrom. Die Räume füllten sich mit Säcken von Mehl, Weißzucker, Kaffee, mit Blöcken von Butter, Rädern von Käse, Kisten mit sowjetischem Sekt, Krimweinen und sowjetischen Spirituosen, Blechdosen mit Malossolkaviar und den kleine Tönnchen mit Preßkaviar, Ölsardinen und Krebsfleisch. Alle diese Waren wurden nicht auf Lebensmittelkarten verkauft, sondern zu mit der Landesregierung abgesprochenen und genehmigten Preisen, den sogenannten freien Preisen, abgegeben.
Die Warenlieferungen waren so reichlich, daß sich Intourist

entschloß, sie durch Verkauf in Kiosken der breiten Bevölkerung zugänglich zu machen. (...) Diese Verkaufseinrichtungen erfreuten sich bei der Bevölkerung großer Beliebtheit und hatten während ihrer gesamten täglichen Öffnungszeit von 9.00 bis 20.00 Uhr eine starke Nachfrage zu verzeichnen. Außer Brühpolnische mit Brötchen, die der große Renner waren, gab es je nach Eingang abgepackte Ware wie Kaffee, Mehl, Weißzucker, Schokolade, Konserven, SU-Weine, Spirituosen und Sekt oder ausgewogene Waren wie Schnittkäse, Butter und Quark. Auf diese Weise konnte man, wenn auch für entsprechende Preise, den durch die Markenzuteilung knappen Küchenzettel erweitern. (...)
Während in den Kiosken nur zur gültigen Währung unseres Landes verkauft wurde, bestanden in den Intouristgaststätten auch Valutaabteile, in denen ausländische Währungen wie Dollars oder englische Pfund in Zahlung genommen wurden. So war das Weinabteil in Auerbachs Keller ein ausgesprochenes Devisenabteil.
(Leipziger Gastronomie)

Im Vergleich zu den Löhnen und Gehältern der damaligen Zeit waren die Preise in den „freien Gaststätten" stark überhöht.

Im „Vogtlandhof" in Plauen kostete 1948 ein Schweineschnitzel 29,40 Mark, eine Bockwurst mit Kartoffelsalat 8,60 Mark. Der Stundenlohn in diesem Jahr betrug für einen Transportarbeiter –,84 Pfennig, der Durchschnittswochenlohn 50 Mark und das Anfangsgehalt einer Lehrerin (mit drei Kindern) monatlich 257,86 Mark.

Zur Verwunderung der Gäste in den „freien Gaststätten" änderten sich auch die Speisenangebote; nicht nur die Zutaten kamen überwiegend aus der SU, sondern auch die Rezepte. Eine Auswahl aus dem Speisenangebot in Leipzig:

- Balyk aus Bjeloryba
- Geräucherte Sevrjuga
- Fleischbrühe mit Profitroljami
- Schtschi, grün, aus Spinat und Fleisch
- Botwinja-Suppe mit Störfisch
- Tschawytscha-Fisch in Weißweinsoße
- Sambuk aus Aprikosen
- Chatschapuri
- Maslini
- Kupati mit Tkemla-Sauce
- Peregala, am Spieß gebraten, mit Apfelsalat
- Soljanka-Fleischsuppe, die auch heute noch in vielen Gaststätten angeboten wird.

Die Schere

Ein Ruhmesblatt in der Geschichte der Gastronomie war sie nicht, die Schere. Aber sie gehörte über 15 Jahre (d.h. ab 1945) zu den Utensilien der Kellner und war dazu bestimmt, Fleisch-, Fett-, Nährmittel-, Mehl- und Zuckerabschnitte von den kargen Lebensmittelkarten, die der Gast vorzulegen hatte, abzutrennen.

Meist an einer schwarzen Schnur, an einem schwarzen

Bändchen oder an einer kleinen Kette getragen – individuellen Vorstellungen waren keine Grenzen gesetzt –, baumelte sie am deutschen Kellner-Einheitsanzug in nächster Nachbarschaft mit dem Kassenschlüssel für die alte und unermüdliche National-Registrier-Kellnerkasse, an der bis zu 12 Kellner arbeiten konnten.
Serviererinnen befestigten das Bändchen am Schürzenband oder mit einer Sicherheitsnadel irgendwo. Weniger Gewissenhafte zogen die Schere aus einer Rock-, Jackett- oder Schürzentasche hervor, dabei immer Gefahr laufend, sich zu verletzen. Lose Lebensmittelkartenabschnitte durften nicht angenommen werden.
Die Schere als Handwerkszeug ist in keinem Fachbuch für Kellner zu finden und sollte dort auch niemals einen Platz erhalten. Sie war ein Requisit der Not und des Kriegselends, das bis weit in die 50er Jahre Nachwirkungen zeigte.
(Leipziger Gastronomie)

Auf Reisen MITROPA
Am 18. Mai 1948 begann ich als Wagenkellner im Wirtschaftsbetrieb auf allen Strecken, die wir damals befuhren. Die MITROPA arbeitete, aber wie! Die Wirtschaftsbetriebe waren primitiv eingerichtet. Es fehlte am Nötigsten. Die Kellner drängten bei Tag und Nacht durch überfüllte Wagen. Nachts trugen sie im finsteren Zug die Karbidlampe um den Hals und das volle Tablett auf dem Arm.

„Würzbrühe! Malzkaffee, Bier, Limonade! Noch eine Würzbrühe, der Herr?“ Das war das Verkaufsgespräch. Speise- und Getränkekarten waren unnötig!
Trotz allem hatten wir dennoch hohe Umsätze. Die Fahrt war lang, der Durst war groß - und es gab endlich wieder etwas zu kaufen.
Schick sahen wir dennoch aus, vor allem, als es noch keine Uniformen gab. Eine Skimütze wies uns als MITROPA aus. Wer Glück hatte, trug MITROPAhemden, geschneidert aus Reisekissenbezügen. Das Personal trocknete das Geschirr mit Tüchern aus dem gleichen Material.
Der Diebstahl dieser Hemden und ihr anderweitiger Gebrauch waren ausgeschlossen. Auf jedem Hemd stand wenigstens 25mal „Eigentum der MITROPA". Ich habe dennoch diese Hemden mit Humor getragen und ertragen, fühlte ich mich doch als lebendes Inventar der MITROPA. MITROPA 1948! Wir sollten daran denken, daß wir damals unser Mittagessen mit auf Tour nehmen mußten. Am Wendepunkt der Fahrt klapperten dann die Löffel in den Kochgeschirren.

(Leipziger Gastronomie)

Weihnachten/Ostern/Festtage

Die erste Weihnacht 1945 war für viele Menschen ein beglückendes Erlebnis: Endlich Frieden.

> Es wurde Weihnachten, bis wir uns (Vermieter und Flüchtlinge) aneinander gewöhnten. (Die Wirtin) mußte uns aufnehmen; das zugewiesene Zimmer war gutbürgerlich eingerichtet mit Umbauliege und Kredenz. Ein Klavier stand darin. (...) Weihnachten kam, die Frau war sehr reserviert und bestimmt auch unglücklich. Am Heiligen Abend, als wir aus der Kirche kamen, klopfte es an unserer Tür. Unsere Vermieterin kam plötzlich herein. Diesen Augenblick vergaß auch meine Mutter nie. (Die Vermieterin) setzte sich mit uns zusammen. Sie hatte Kartoffelsalat gemacht, den wir als Schlesier gar nicht kannten, und wollte mit uns essen; sie setzte sich danach ans Klavier und spielte Weihnachtslieder. Wir sangen mit ihr. Das Eis zwischen uns war gebrochen. Und in diesem Moment klingelte es. Leute, die über uns im Haus wohnten, brachten uns einen fertig geschmückten Weihnachtsbaum, mit Kugeln behängt und dem, was man damals so hatte. Es war eine Familie mit zwei erwachsenen Kindern; sie verzichteten auf ihren Weihnachtsbaum und schenkten ihn uns. Sie sagten: „Sie haben Kinder, und die sollen den Weihnachtsbaum haben. Wir brauchen ihn nicht unbedingt." Ich war acht Jahre damals, aber das ist mir tief in Erinnerung geblieben.
>
> (Ahbe/Hofmann)

TAGEBUCHEINTRAG AM 24.12.1947 DES 13JÄHRIGEN SCHÜLERS RICHARD TIEFENBACH, LEIPZIG

Weihnachten 1947

Heute ist Heiligabend, so dachte ich, als ich am 24.12. morgens aufwachte. Ich wollte mich heute (aus)ausschlafen. Maria brachte mir und Wolfgang das Frühstück ans Bett. Es gab: 1 Schnitte mit Butter und einen Teller salzige Haferflockensuppe. Es hat sehr gut geschmeckt. Vormittags machte ich alles für den Terrassenzimmerofen zurecht. Mittags gingen die 3 Kinder mit Vater ins Bierstüble essen. Mutter kochte mir Nudelsuppe. Außerdem bekam ich Brühe und ca. 6 kleine Schnitten mit Aufschnitt. Danach heizte ich den Ofen und schmückte den Tannenbaum. Dieser brannte sehr gut, und das Rohr glühte sogar, sodaß ich kleinstellen mußte. Ich half Mutter mit beim Bescheren. Ich teilte Bonbons aus, und machte noch allerlei anderes. Endlich waren wir fertig, und ich mußte einen Moment hinausgehen, weil Mutter mir noch etwas auf den Tisch legen wollte. Danach tranken wir Kaffee. Es gab für jeden: 1½ Stck. Stollen, 2 kleine Honigschnitten und 1 trockene. Auch sehr süßen Kakao gab es. Als wir fertig waren, durften wir ins Zimmer. Wir sangen zuerst einige Lieder. Dann durften wir den Geschenktisch besehen. In der Mitte stand der Tannenbaum und um ihn waren die Geschenke aufgebaut.

Von Vater: einen Gutschein für ein Festessen im Bierstüble, Briefmarken, und Erhöhung des Taschengeldes auf 3.- ab 1.1.48. Dann gab es noch einen Teller mit den allerliebsten Sachen. Jeder bekam: 1 Tafel Schokolade, Plätzchen, Pfefferkuchen, Bonbons, 2 Äpfel, Makronen, 1 Brot (500 gr.), von Tante Signe: ¼ Tafel Schokolade. 2 Bonbons (Art Sahne)

Über alles habe ich mich sehr gefreut. Ich habe auch sehr viel gegessen. Abends hatten wir gar nicht viel Hunger. Es gab Grießsuppe und 1 Knäckebrot (Butter) und 1 Wurstschnitte. Abends gingen wir gegen 11°° zu(Bett) Bett.

Mein Vater war in amerikanischer Kriegsgefangenschaft und ist am 1. Weihnachtstag 1946 entlassen worden. Silvester stand er vor unserer Tür. Die Freude war unbeschreiblich!

(Gerlind H. Bautzen)

In der Prinz-Eugen-Straße befand sich das Forstamt. Dort kannte ich aus der Nachbarschaft einen Förster, sein Sohn ging mit mir zur Schule. Ich fragte nach einem Weihnachtsbaum und konnte für 50 Pfennige hinunter in die Teichstraße gehen, in den Forstgarten und mir einen schönen Weihnachtsbaum aussuchen. Zu essen gab es Hasen, denn der Förster hat von mir eine Flasche Rotwein, die ich mir zwei Jahre vorher aus Frankreich mitgebracht hatte, bekommen. So aßen wir 1945, wie vor dem Krieg, wieder einen wunderschönen Hasen. Bloß der Speck hat nicht gereicht.

(Ahbe/Hofmann)

Von der Schule (...) wurde eine Weihnachtsfeier vorbereitet. Wir konnten es kaum erwarten. (...) Der Direktor hatte einen geheizten Raum in der Torgauer Straße ausfindig gemacht (...): Zur Weihnachtsfeier war es dort wunderbar warm. Ich weiß nicht mehr, was damals auf der Bühne geboten wurde (...). Mich interessierten die Kisten und Kartons viel mehr, (...) und ich rätselte, was wohl darin sein mochte. Beim Verteilen wurden manche Gesichter ein bißchen länger. Es gab zwei Kekse und eine Tasse mit Fondant. Der Veranstalter der Weihnachtsfeier entschuldigte sich, daß er so wenig hatte. Er sagte damals sinngemäß, daß er seine ganze Hoffnung dar-

Lebkuchen mit Möhren (ohne Fett und Ei)

150 g Sirup (Zuckerrübenkraut)
150 g Zucker
150 g geriebene Möhren
500 g Weizenmehl
1 Päckchen Backpulver
Pfefferkuchengewürz

→ **Sirup und Zucker zerlassen und in eine Schüssel geben. Ist die Masse erkaltet, die Gewürze und die Möhren zugeben. Mehl und Backpulver mischen und alles zu einem streichfähigen Teig verrühren. Mit einem Teigschaber eine etwa ein Zentimeter dicke Schicht auf ein gefettetes Backblech streichen, mit dem Messer gleichmäßige Dreiecke einritzen und abbacken.**

Spekulatius

250 g Mehl (auch Roggenmehl)
4 EL Zucker
1 EL gesiebter Kaffee-Ersatz
10 g Fett
2 TL Backpulver
etwas Salz
6 EL Kaffeeflüssigkeit zum Kneten

→ **Alles zu einem Teig kneten, dünn ausrollen, Formen ausstechen und backen.**

auf gesetzt hatte, daß die FDJ, die damals (1946) gerade gegründet worden war, in den Weltjugendbund aufgenommen würde. Und daß dann vielleicht Hilfssendungen und Spenden aus dem Ausland gekommen wären. Aber das war nicht geschehen, zu sehr waren die Deutschen verhaßt.

(Ahbe/Hofmann)

Dresdener Stollen 1946

500 g Weizenmehl
150 g Zucker
100 g Margarine
125 g Quark (Topfen)
1/2 Päckchen Puddingpulver
1 Ei
4 EL Milch
Backaroma
etwas Salz
150 g Rosinen oder geschnittenes Backobst

→ **Mehl und Backpulver auf ein Backbrett (Tischplatte) sieben und mischen. In die Mitte eine Vertiefung drücken, Zucker, Aroma, Ei und das mit etwas Flüssigkeit angerührte Puddingpulver hineingeben und alles zu einem dicken Brei verrühren. Darauf gibt man die in Stücke geschnittene kalte Margarine, den durch ein Sieb gestrichenen Quark und die Rosinen. Alles zu einem Kloß zusammendrücken und schnell von der Mitte aus zu einem glatten Teig verarbeiten. Den Teig zu einer ca. 30 mal 16 Zentimeter großen Platte ausrollen und zum Stollen formen und 70 bis 80 Minuten bei schwacher Mittelhitze backen. Wenn vorhanden, den Stollen gleich nach dem Backen mit etwas zerlassenem Fett bestreichen und mit Puderzucker bestreuen.**

Weihnachtsfeier 1945

Ein Mitglied der KPD (...) trug dann vor, was man zur Kinderbescherung u. zum Erwachsenenfest am 16. XII. vorbereitet habe. Die Kinder werden am Nachm. Spielzeug und Gebäck erhalten (...) – Die Erwachsenen am Abend ebenfalls Gebäck und „ausreichenden Kartoffelsalat". Wir mußten noch, um mitmachen zu können, nachträglich je 10 gr. Fettmarken u. einen Eßlöffel Zucker beisteuern.

(Victor Klemperer)

Anstelle von Mandeln, die es nicht gab, wurden für Weihnachsstollen aufgeschlagene Pflaumenkerne verwendet. Zu Festtagen gab es kleine Sonderzuteilungen wie Süßigkeiten, Kakao, auch Bohnenkaffee, z.B. 100 g pro Person.

(Renate Mendow, Riesa)

Bereits ab Dezember 1945 fanden in vielen Städten Weihnachtsmessen und -märkte statt, in denen Speisen und Getränke verkauft wurden. In den ersten Jahren war das Angebot entsprechend spärlich, meist mußten Lebensmittelmarken abgegeben werden, in den späteren Jahren verbesserten sich die Verhältnisse.

In einem Bericht über die Vorbereitung der Dresdener Weihnachtsmesse 1953 wird auch auf die bessere Versorgungslage der Stadt Leipzig hingewiesen:

Marzipankartoffeln

250 g Salzkartoffeln
125 g Zucker
2 EL Wasser
Mandelaroma

➔ **Zucker mit Wasser aufkochen und die gekochten, durch die Presse gedrückten Kartoffeln dazugeben und erhitzen, bis sich die Masse vom Topfboden löst. Nach dem Erkalten mit Mandelaroma abschmecken und kleine Kugeln daraus formen. Wenn vorhanden, in etwas Kakao wälzen.**

Haferflocken-Makronen

➔ **125 Gramm Haferflocken in etwas Öl und einem Eßlöffel Zucker rösten.**
50 Gramm Mehl, eine Tüte Backpulver und 50 Gramm Zucker mit etwas Milch oder Wasser und Mandelaroma zu einem Brei rühren und die gerösteten Haferflocken zugeben. Danach ein Eischnee unterrühren, auf ein Blech kleine Häufchen setzen und rasch abbacken.

Falsches Nougat

→ **Zehn bis zwölf Eßlöffel weißes Mehl im Tiegel ohne Fett bräunen, dann durch ein Haarsieb geben, damit alle Klümpchen verschwinden, und in eine Schüssel schütten. Danach zugeben: je einen Eßlöffel Kunsthonig und Margarine, zwei bis drei Eßlöffel dickflüssigen Sirup, einige Tropfen Vanille- und Buttermandel-Aroma. Zu einem Teig rühren, bis er sich zu einer großen Kugel zusammenballt. Als zusätzliche Flüssigkeit etwas schwarzen Kaffee, am besten natürlich „Bohnenkaffee". Von der Kugel dann kleine Kügelchen abtrennen und formen. Zum Formen die Hände mit etwas Öl einfetten. Es können alle Pralinen-Formen versucht werden: Rechtecke, Dreiecke, Mokkabohnen usw. Am besten eignen sich Gabel- oder Löffelstiele. Einige Stunden zum Festwerden stehenlassen.**

„Der neue Kurs unserer Regierung bietet in diesem Jahr besondere Möglichkeiten, den Willen unserer Regierung zur Verbesserung der Lebenslage in unserem Marktteil demonstrativ zum Ausdruck zu bringen. Es muß uns und allen Handelsorganen eine politische Verpflichtung sein, keine Anstrengungen in diese Richtung zu scheuen. (...) Wir regten an, Erdnüsse und Mandeln zu beschaffen und auf der Weihnachtsmesse zu rösten, Bratäpfel und Kartoffelpuffer anzubieten, Ochsen am Spieß zu braten, ein Weihnachtsgebäck zu schaffen, warme Blutwürstchen und 50 g gebratene Bockwurst anzubieten, wie wir es in Leipzig zur Messe zum Preise von DM –,51 für 125 g Blutwürstchen mit Semmel und DM –,80 für eine halbierte Bockwurst mit Semmel gesehen hatten.

(Dresdener Geschichtsbuch 2)

(Silvester 1946) Es fehlen nur noch 10 Minuten an 12h. Und wo werden wir nächstes Silvester sein? Vater sagte immer „auf dem Sirius". – Weiterarbeiten, alles andere ist Unsinn und Zeitvergeudung. Und wenn endlich irgendein Auslandspaket eintrifft u. der Fraß ein bißchen besser wird, hebt sich vielleicht auch die Stimmung.

(Victor Klemperer)

Alphabetisches Verzeichnis der Rezepte

Inhalt

Literaturverzeichnis

Zitierte Literatur

Ahbe, Thomas u. Hofmann, Michael: Hungern, Hamstern, Heiligabend – Leipziger erinnern sich an die Nachkriegszeit, Leipzig 1996.

Alther, A.: Chronik der Stadt Leipzig 1945–1949, I. Teil, Leipzig o. J.

Bechler, Margret: Warten auf Antwort – Ein deutsches Schicksal, Berlin 1998.

Boruttan, Grete: Gute Kost in magerer Zeit – Rezepte, Ratschläge und Anregungen für die Küche, München 1946.

Canaletto – Journal der Stadtsparkasse Dresden 3/94.

Dresdner Geschichtsbuch 1 – Stadtmuseum Dresden, Dresden 1995

Dresdner Geschichtsbuch 2 – Stadtmuseum Dresden, Dresden 1996.

Gries, Rainer: Die Rationen-Gesellschaft, Münster 1991.

Keller, Andrea u. Rook, Andrea (Hrsg.): Ich kann von dieser Zeit nicht schwarz, nicht weiß erzählen – Frauen in Bautzen zwischen 1940 und 1950, Bautzen 1996.

Klemperer, Victor: So sitze ich denn zwischen allen Stühlen – Tagebücher 1945–1949, Berlin 1999.

Krone, Andreas: „Plauen nach dem Zweiten Weltkrieg", in: Plauen 1945 ... und die schweren Nachkriegsjahre, Plauen 1998.

Lange, Bernd-Lutz: Magermilch und lange Strümpfe, Leipzig 1999.

Leipziger Gastronomie 1945–1960. Beiträge zur Betriebsgeschichte. Herausgegeben von der Betriebsparteiorganisation der SED des Volkseigenen Einzelhandelsbetriebes (HO) Leipzig Gaststätten, Leipzig 1986.

Merkblatt „Peter-Presse" zu Leipzig, o.J.

Oehme, Ursula: Alltag in Ruinen – Leipzig 1945–1949, Leipzig 1995.

Herbert Pilz, Leipziger Kulinarien. Fachschule für das Gaststätten- und Hotelwesen Leipzig, Heft 3, 1986, Heft 4, o.J.; Heft 5, o.J.; Heft 6, 1989; Heft 7, 1990.

Rühmann, Heinz: Das war's, Berlin/Frankfurt/Main/Wien 1982.

Sowjetische Speziallager in Deutschland 1945 bis 1950. Band 1: Studien und Beiträge, hg. v.

Alexander von Plato, Berlin 1998; Band 2: Sowjetische Dokumente zur Lagerpolitik, hg. v. Ralf Possekel, Berlin 1998.

Zwahr, Hartmut u.a.: Leipzigs Messen 1497–1997, Teil 2 1914–1997, Leipzig 1998.

Zusätzliche Informationsquellen

Gibas/Gries/Jakoby/Müller: Wiedergeburten – Zur Geschichte der runden Jahrestage der DDR, Leipzig 1999.

Giesecke, Una u. Igel, Jayne-Ann: Von Maria bis Mary – Frauengeschichten, Dresden 1998.

Heimatgeschichtliche Unterrichtshilfen für die Dresdener Geschichtslehrer, Chancen für eine Wende (Sachsen in der Zeit von 1945–1948), Heft 2, 1988.

Heitzer, Heinz: DDR – Geschichtlicher Überblick, Berlin 1986.

Kreimeier, Klaus: Die Ufa-Story – Geschichte eines Filmkonzerns, München/Wien 1992.

Kukula, Ralf u. Helas, Volker: Ballhäuser in Leipzig, Dresden 1997.

Scherpe, Klaus R.(Hrsg.): In Deutschland unterwegs, Stuttgart 1982.

Verk, Sabine: Geschmacksache – Kochbücher aus dem Museum für Volkskunde, Berlin 1995.

Zeitungen und Zeitschriften:

- Frischer Wind
- Leipziger Volkszeitung
- Sächsische Volkszeitung
- Tägliche Rundschau
- Volksstimme – Landeszeitung der Sozialdemokratischen Partei Deutschands, Landesverband Sachsen

Rezepte, Kochanleitungen, Spar- und Haushalts-Tips:

Anon.: Ernährungshilfe – Wildgemüse als Zusatznahrung, Berlin 1946.

Anon.: Ernährungshilfe – Deutscher Tee – selbstgesammelt, Berlin 1946.

Anon.: Weihnachtliches, selbstgeformt – selbstgebacken, Faltblatt, Linde Verlag, 1946.

Anon.: Ernte ohne Saat – Wildgemüse im Haushalt, Berlin 1946.

Anon.: Gemüse naturgesäuert – nach einem neuartigen Konservierungsverfahren, Berlin 1946.

Anon.: Gute Soßen und Brotaufstrich m. wenig Fett, Berlin 1945.

Anon.: Pilze – ein nahrhaftes Essen, Köln 1946.

Anon.: Umgewandeltes Roggenmehl – sättigend und schmackhaft, Berlin 1945.

Anon.: Wie koche, brate, backe ich zeitgemäß und doch schmackhaft und abwechslungsreich, Leipzig 1946.

Anon.: Zeitgemäße Sparrezepte für die Hausfrau, Berlin 1946 u. 1948.

Bartel, Anne-Marie: Mit Verstand und Liebe. Ein Kochbuch für schlechte und gute Zeiten, Berlin 1947.

Bey, Hedwig: Kartoffelsorgen – was koche ich morgen, Wuppertal 1946.

Friedrich, Margarethe: Neuartige Kürbisgerichte auf besondere Art, Berlin 1947.

Hauswirtschaftliche Beratungsstellen des Magistrats von Groß-Berlin – Abt. Ernährung (Hrsg.): Der Haushaltsbrief – eine laufende Sammlung zeitgemäßer Ratschläge für sparsames Kochen und Wirtschaften, Berlin 1945–1949.

Hennig, B.: Zusätzliche Ernährung aus Wald und Flur, Berlin 1948.

Horbelt/Spindler: Tante Linas Kriegskochbuch, Frankfurt/Main 1982.

Krause, Kurt: Wir sammeln Wildgemüse, Berlin o. J.

Lüders, Erika: 10 Pfund Eicheln sind 7 Pfund Eichelmehl, Berlin 1946.

Moeries, Elisabeth: Kleines Kochbuch für die Bäuerin, Berlin 1946.

Nann, Elinor: Was essen wir heute? Was essen wir morgen?, Leipzig 1946.

Ohl, R.: Edelgemüse und Marmelade aus Zucker- und Futterrübe – Ein zeitgemäßes Kochbuch, Erfurt 1946.

Stauffer-Otto, Maria: 46 zeitgenössische Kartoffelgerichte, Berlin 1945.

Zwerg, Martha: Schmalhans kocht trotzdem gut, Erfurt 1948.

Zwerg, Martha: Schmalhans Ade! Ein Kochbuch für bessere Tage, Erfurt 1950.

Sowie zahlreiche Rezepte aus Zeitungen und Zeitschriften der Jahre 1945–1953, Anleitungen auf Beilagezetteln verschiedener Firmen (Dr. Oetker, Döhler, Isses, Wissol u.a.) und Materialien des Archivs der Domäne Dahlem – Stiftung Stadtmuseum Berlin, zahlreiche private Aufzeichnungen, Kochanleitungen und Rezepthefte der Nachkriegszeit und des Archivs der Autorin.

Danksagung

Mein besonderer Dank gilt den vielen „Mitarbeitern an diesem Buch": Arno Alschner, Steina; Renate Brix, Leipzig; Barbara Busch, Leipzig; Frau Dähne, Colditz; Frau Deuchert, Neu-Isenburg; Frau Gauwerda, Leipzig, Frau Geiger, Dresden-Cassebaude; Wilma Gerbeth, Radebeul; Edith Geßwein, Torgau; Bernd Glenz, Böhlitz-Ehrenberg; Gisela Heinrichs, Leipzig; Alix und Horst Heinze, Weixdorf; Ursula Henning, Dresden; Klaus J. Hofmann, Radeberg; Gisela Hornig, Dresden; Sigrid Kasper, Dresden; Karin Kind, Holzhausen; Gisela Klyne, Werdau; Anke Knieper, Berlin; Christine Knöchel, Leipzig; Elfriede Knoll, Belgern/Elbe; Gabriele Kötz, Leipzig; Hannelore Kuhn, Dresden; Uta Kupfer, Markkleeberg; Frau Kusche, Dresden; Renate Mendow, Riesa; Gertraude Mondon, Leipzig; Charlotte Müller, Liebertwolkwitz; Bianca Nagel, Schlüsselfeld; Monika Neuendorf, Ilmenau; Susanna Neumann, Leipzig; Rosemarie Neumann, Torgau; Dr. Dieter Panier, Ilmenau; Erika Petzold, Leipzig; Waltraud Piersig, Radeberg; Manfred Richter, Langebrück; Eva-Maria Rosemann, Torgau; Ilse Sachse, Leipzig; Rosemarie Sattler, Kierspe; Irmgard Scheierke, Rackwitz; Maria Schmidt, Mölau; Ellinor Schneider, Leipzig; Ingeborg Schramm, Böhlitz-Ehrenberg; Dr. Siegfried Schumann, Böhlitz-Ehrenberg; Christine Seidemann, Cossebaude; Rosemarie Starke, Leipzig; Karla Stiehler, Zwickau; Peter Thomas, Kirchberg; Lutz Tittel, Langebrück; Erika Tottewitz, Leipzig; Alfred und Gretl Uhlmann, Dresden; Karla Warncke, Leipzig; Christa Wäscher, Bad Düben; Ilona Weidemann, Berlin; Dr. Barbara Weinhold, Dresden; Eberhard Weiß, Borsdorf; Christa Weißbach, Leipzig; Edith und Gerhard Weith, Zwickau

und den vielen Einsendern, die namentlich nicht genannt werden wollen.

Sowie

Mathias Orvat, Leipziger Volkszeitung
Sächsische Volkszeitung, Dresden
Frau Heike Gärtner, Stadtarchiv Leipzig
Frau Stadtarchivarin Gräbner der Stadt Torgau
Herrn Köhler, Stadtverwaltung Pirna
Frau Kamatz, Stadtarchivarin Radebeul
Frau Schön, Stadtarchiv Grimma
Frau Schmidt, Stadtarchiv Zwickau
Frau Naumann, Stadtarchiv Plauen
Andrea Rook, Gleichstellungsstelle Stadtverwaltung Bautzen
Dr. Birgitt Düsterwald, Förderverein Deutsches Kleingartenmuseum e.V., Leipzig

Freiberger Altertumsverein e.V.
Gedenkstätte Bautzen
Frau Sohl, Stadtgeschichtliches Museum, Leipzig
Karl-Heinz Hempel, Stadtmuseum Hoyerswerda
Dr. Rainer Gries, Leipzig
Karin Jeschke, Dresden
Dr. Michael Böttger, Dresden
Dr. Hans-Peter Lühr, Dresden

Mein besonderer Dank gilt Herrn Richard Tiefenbach, Leipzig, und Herrn Wolfgang Henke, Dresden, die mir ihre umfangreichen Tagebücher aus der Nachkriegszeit zur Einsicht und Auswertung überließen.
Für Mithilfe und freundliche Unterstützung danke ich Herbert Pilz, Leipzig, für die Benutzung seines umfangreichen Archivs, für Hinweise und Kontakte: Winfried Ripp, Volker Helas, Balance Film, Dresden, sowie hilfreiche Unterstützung in Berlin von Ingrid Binder, Hannelore Fuchs, Leonie Fuchs, Borghild Kolk, Barbara Cronenberg, Kathrin Panier und meiner Familie.

Über die Autorin

Rosemarie Köhler arbeitet im Bereich Presse- und Öffentlichkeitsarbeit der Berliner Akademie der Künste. Die Journalistin und Buchautorin veröffentlichte 1999 im Eichborn Verlag: *Brennesselsuppe und Rosinenbomber – Das Berliner Notkochbuch*.

Abbildungsnachweis

Fotothek Karl Detlef Mai, Leipzig und Großpösna/Fotos: Karl Heinz Mai

S. 8: Trümmergärten
S. 26: Kartoffellieferung
S. 39: Straßenkontrolle mit Abtasten
S. 62: Hinweis „Salzfrei"
S. 65: Angebotstafel „Schnaps oder Lecithin"
S. 69: Essenspause
S. 70: Angebot „Knackwurstgeschmack"
S. 93: Sonderangebot „Zimtaroma"
S. 99: Kartoffeln lesen
S. 115: Kaninchenfell
S. 116: Angebot „Rauchspeck-Aroma"
S. 117: Hamsterer auf dem Hauptbahnhof

Stadtarchiv Leipzig – Bildarchiv: S. 49 und S.142